以数据说话，以事实立论

2014年度中国慈善捐助报告

彭建梅 主编

中国社会出版社
国家一级出版社·全国百佳图书出版单位

图书在版编目（CIP）数据

2014年度中国慈善捐助报告／彭建梅主编．—北京：中国社会出版社，2015.12

ISBN 978－7－5087－5214－3

Ⅰ．①2…　Ⅱ．①彭…　Ⅲ．①慈善事业—研究报告—中国—2014　Ⅳ．①D632.1

中国版本图书馆CIP数据核字（2015）第299425号

书　　名：2014年度中国慈善捐助报告
主　　编：彭建梅

出 版 人：浦善新
终 审 人：王　前
责任编辑：杨建萍　　**责任校对：**王　璐

出版发行：中国社会出版社　邮政编码：100032
通联方法：北京市西城区二龙路甲33号
电　　话：编辑室：（010）58124839
销售部：（010）58124841
（010）58124842
网　　址：www.shcbs.com.cn
shcbs.mca.gov.cn
经　　销：各地新华书店

中国社会出版社天猫旗舰店

印刷装订：中国电影出版社印刷厂
开　　本：170mm×240mm　1/16
印　　张：15.5
字　　数：250千字
版　　次：2015年12月第1版
印　　次：2015年12月第1次印刷
定　　价：58.00元

中国社会出版社微信公众号

《2014 年度中国慈善捐助报告》编委会

序　　言

2014 年，对于从初创期向发展期过渡的中国慈善事业来说，是非常不平凡的一年。这一年，中国慈善捐赠在没有大灾激发的常态情况下，首次突破千亿元关口，并出现单笔捐赠超过百亿元的超大额捐赠。年度慈善捐赠在量上的突破，标志着我国慈善事业已经进入一个健康的、可持续发展的新阶段。

2014 年，我国经济进入“新常态”，经济由高速增长转向中高速增长。慈善捐赠并没有受到经济下行压力的影响，走出了相对独立的发展行情。一是捐赠总量在没有大灾激发的情况下首次突破千亿元，创下了我国常态化捐赠的新纪录。2014 年，全国范围内接收的社会捐赠总量达到 1042.26 亿元，成为中国现代慈善历史上第 3 个“千亿年”。1042.26 亿元，这个数字来之不易。此前的 2008 年和 2010 年这两个“千亿年”的捐赠量是受巨大的地震灾害激发，全国人民齐心协力、捐款捐物而取得的。二是在单笔大额捐赠上，马云单笔捐赠超过百亿元，此笔捐赠虽未计入本书全国接收社会捐赠的总量，但创下了我国大额捐赠的新高度。在中国经济下行、压力加大的背景下，企业盈利和个人收入增速趋缓，捐赠总量能够取得如此成就有着更加非凡的意义。应该说，年度捐赠量上的这些新突破，是多元慈善主体转变观念，大胆创新，行业生态改善的结果。

首先，2014 年，中国企业慈善家们站到了全球慈善的前台，他们带来了新的视野、新的思想，创造了新的风景。一是牛根生获得了大自然保护协会（TNC）“2014 年年度橡树叶奖”，向世界展示了中国慈善家的魄力。与此同时，卢德之、宗庆后等企业慈善家也通过国际慈善合作，参与全球慈善事务，成为活跃在全球慈善领域的中国企业慈善家代表，引领中国慈善走向世界。二是一些先锋企业家们以非常积极的姿态广泛参与到全球的商业变革、企业社会责任运动和社会创新浪潮中。王健林是这些富有社会使命企业家们的典型代表。他在贵州开展产业扶贫、就业扶贫和教育扶贫，计划投资 600 亿元，建设 1 个万达文化旅游项目和 10 个万达广场，预计增加 10 万个稳定的就业岗位，实现群众、政府和企业的“多赢”。马云创立的阿里巴巴是一家真正相信并践行使命驱动的公司。马云说：“我们一直坚信，身处 21 世纪的企业必须以解决社会问题为己任。阿里巴巴集团的发展从一开始就植入了社会责任的基因。我们相信一个健康繁荣的生态系统是我们商业模式的根基，而这需要通过持续解决社会问题和承担社会责任来实现。”三是相当多的企业慈善家们通过积极、创新的捐赠行为传承了中华民族乐善好施的美德。2014 年，企业仍然是我国慈善捐赠的最大主体，贡献了全国社会捐赠的七成。企业和企业家们的捐赠行为，正在中国社会产生示范效应。他们所推动的企业员工参与网络配比捐赠等正在促进“人人参与”的新机制的形成。可以预见，随着中国经济全球影响力的不断提升，中国企业和企业家们的社会使命感也将空前提升，他们将改变中国，影响世界，推动社会进步。

其次，2014 年，中国慈善组织在不断探索、反思和创新中找到了正确的使命定位，正在驶入专业化、可持续发展的道路。一方面，它们发现了社区基层需求的蓝海，开辟了社区慈善新天地，让中国慈善更接地气。以李爱君为代表的企业慈善家们大力推动社区基金会发展，解决了社区慈善组织发展的资金瓶颈。在他们的大力推动下，社区基金会、村级慈善会等社区自组织层出不穷，社区慈善服务模式创新不断，社会组织成为社会创新治理的重要力量。另一方面，慈善组织不断提升专业化水平，加强专业能力建设。它们积极向商业领域学习以提高效率，并改善社会资源供给不足的状态。社会企业成为社会组织自我造血、实现持续发展的新模式。与此同时，它们借助科技特别是通信技术的力量，凝聚更多社会共识，撬动更多社会微力量。2014年，全国网络平台接收捐赠达到4.28亿元，网络捐赠已经进入“无线”时代。捐赠被激发出无限可能，出现了多种多样、随时随地、深度参与的捐赠形式。随着中国慈善部门专业化能力的整体提升，慈善组织的价值逐渐彰显。

最后，政策的创新使慈善事业发展环境不断优化。2014年，国务院印发《关于促进慈善事业健康发展的指导意见》，对促进慈善事业健康发展作出了系统性的安排。这是我国慈善领域第一个以国务院名义印发的规范性、纲领性文件，深刻体现了党中央、国务院对慈善事业发展的高度重视，标志着我国对慈善事业发展规律的认识和把握提升到一个新的层次。2014年全国上下共出台了百余项促进慈善事业发展的政策，内容涵盖社会组织登记门槛降低、加强构建社会组织信用体系、政府向社会组织购买服务、社会组织能力建设及人才队伍建设、志愿服务规范化、制度化、常态化等方面，从中央到地方全面构建起慈善事业健康稳步发展的制度保障。政府、社会、企业三方力量初步构建“善政、善治、善商”格局。

自20世纪80年代初，伴随着改革开放和现代化进程，我国现代慈善事业已经走过了30余年。其间，我国慈善事业有开疆拓土时的艰难岁月，也有春风化雨下的百花齐放；有深陷舆论旋涡时的卧薪尝胆，也有面对自然灾难时的众志成城。我国的慈善事业就这样与中国经济社会砥砺同行，共同描绘出一幅波澜壮阔的画卷：传统文化的传承发扬、兼容并蓄的创新精神，中国人性的光辉无不闪耀其中。当这些光芒转化成一组组数字，一个个鲜活的案例，一张张幸福的笑脸时，中国慈善的发展脉络变得逐渐清晰而又充满温暖。

同时，我们也要清晰地认识到我国的慈善事业还处在初步发展阶段，同时也面临许多挑战。有几方面的工作需要我们继续努力：一是建立起慈善资源供给和社会救助需求之间的畅通渠道，突出扶贫济困、改善民生的核心任务，让慈善事业成为全面建成小康社会的重要力量。二是继续培育和规范各类慈善组织，建成一批管理规范、专业高效、品牌过硬的慈善组织，打造慈善事业发展的中坚力量。三是建立起保障慈善事业健康发展的监管举措，构建行政监管、行业自律和社会监督相结合的慈善事业综合监管体系。四是培养和壮大慈善专业人才队伍，解决慈善事业快速发展与专业人才缺乏的矛盾。五是建立现代慈善理念，加强宣传倡导，在全社会形成“人人慈善，处处慈善”的慈善文化。

彭建梅

2015. 9. 1

目　　录

第一篇　年度综述

第二篇　总体捐赠分析

第三篇　企业捐赠

第四篇　网络捐赠

第五篇　境外捐赠

第一篇　年度综述

第一章　捐赠进入百亿时代，善商引领捐赠潮流

2014 年，中国慈善事业发展到一个新的水平。这一年，政府、社会、企业三方力量初步建立“善政、善治、善商”格局。我国境内接收国内外社会捐款捐物总额共计 1042.26 亿元，占全年 GDP 的 0.16%。马云、蔡崇信捐赠阿里巴巴 2% 的股权，马云单笔捐赠价值超过百亿元，成为我国有史以来最大一笔捐赠。中国慈善企业家们积极参与国际交流，参与全球慈善事务，向世界展示了中国慈善家的魄力。商业与慈善正在加速融合，企业在追求利润的同时积极履行社会责任；非营利组织也积极向商业领域学习，用获得利润的方式支持社会使命的实现。商业与慈善的结合，创造了更多的可能性，更广泛的主体参与到社会问题的解决。在这种思潮下，一批社会企业家涌现出来，他们有着营利性的“外壳”和非营利性的“灵魂”，改革传统的慈善理念，用商业的手段解决社会问题，推动社会进步。他们与慈善企业、与非营利组织一起，共同推动“商业善时代”的到来。

一、全国接收捐赠超过千亿

根据中民慈善捐助信息中心统计，2014 年全年，我国境内[①]接收国内外社会捐款捐物总额共计 1042.26 亿元[②]，占全年 GDP 的 0.16%，比 2013 年增加 52.9 亿元，小幅增长 5.3%。

① 境内指中国大陆地区，不包括香港、澳门、台湾。

② 此数据指中国大陆地区接收社会捐款捐物总量，并未包含中国公民向境外组织、个人的捐赠，因此本数据不包括马云、蔡崇信、潘石屹夫妇等捐向境外机构的金额。

2014 年，我国捐赠规模再次突破千亿元大关，展示我国民间慈善力量的迸发。虽然 2014 年我国 GDP 增长速度趋缓，经济下行压力增大，但是捐赠仍然保持稳步增长的势头。企业捐赠仍是我国慈善最大的捐赠主体，占捐赠总量的 69.23%；其中民营企业捐赠占捐赠总量的 40% 以上，成为企业捐赠的中坚力量。

从捐赠对象来看，捐赠者仍然最青睐基金会与慈善会。2014 年，基金会和慈善会系统接收社会捐赠款物占比 66.49%。接收社会捐赠最多的领域仍然是医疗卫生和教育领域，占到捐赠总量的 60% 以上。这主要是因为中华慈善总会接收境外企业超过百亿元的药品捐赠。

2014 年，常年参与志愿服务活动的志愿者已达 6500 多万人，全国注册志愿者总服务时间为 19.34 亿小时，据估计提供的志愿服务价值约 193.4 亿元。

2014 年全国福利彩票和体育彩票销售总量达到 3823.68 亿元，筹集彩票公益金 1040 亿元。其中福利彩票总销量突破 2000 亿元大关，达 2059.68 多亿元，为国家筹集公益金 570 多亿元，实现了年发行量的新的历史性跨越。

二、单笔捐赠超过百亿，中国善人助力大国形象

2014 年是中国全面深化改革的开局之年。以习近平同志为总书记的党中央围绕实现“两个一百年”奋斗目标，在治国理政方面接连推出重大举措，带领 13 亿中国人民在建设中国特色社会主义的道路上取得了一系列新的重大成就。2014 年，我国政府提出并推进“一带一路”合作构想，亚洲基础设施投资银行开始起步，丝路基金已经设立，为“一带一路”建设提供了有力支撑，向世界展示了一个负责任、敢担当、和平崛起的大国形象。中国成功举办亚洲相互协作与信任措施会议、亚太经合组织领导人非正式会议两场国际盛会，倡导“共同、综合、合作与可持续”的亚洲安全观，中国在维护地区和平安全、促进亚太合作发展的历史进程中作出了积极贡献。

中国在世界上树立起负责任的形象，中国富豪们也开始走出国门，向世界展示出中国慈善家们的博爱，承担更多的责任。

2014年1月3日，首届东西方慈善论坛在美国夏威夷召开，以牛根生、卢德之、曹德旺为代表的中国慈善家与美国的慈善家进行了一次聚会。会后，牛根生与美国的亨利·保尔森共同聚焦湿地保护，联合启动了3个环境保护项目。4月24日，马云和蔡崇信宣布以个人持有的阿里巴巴集团股票期权成立公益信托基金，基金规模达到集团总股本的2%，按阿里巴巴当前股价计算，捐赠额度达到245亿元人民币。马云单笔捐赠超过百亿元，荣登中国捐赠榜榜首，成为当之无愧的“中国首善”。

7月，潘石屹、张欣夫妇代表他们领导的SOHO中国基金会，与美国哈佛大学签订了1500万美元（折合人民币9300万元，以2014年12月31日汇率计算）的助学金协议，并计划捐赠1亿美元用于资助世界一流大学的中国贫困生。慈善无国界，中国慈善家正像他们的榜样如洛克菲勒、巴菲特、盖茨一样，把视野投向全球，把项目做到世界，推动人类福祉的进步，也在国际上树立起了“中国善人”的形象。

三、商业+慈善，多方构建商业善时代

2014年，企业仍是我国慈善捐赠的主要力量，全国接收社会捐赠总量的七成是由各类企业贡献的，其中民企捐赠量占比超过40%。中国企业和企业家已经走出国门，在全球舞台上展现中国经济的风采。也正是他们，在慈善领域继续创造神话，以更为积极的姿态引领中国慈善事业的发展与变革，率先擎起“善商”的旗帜。企业和企业家用大手笔的慈善捐赠践行着社会资源的第三次分配，将商业积累的财富回馈社会，让这个社会更加公平，让更多人民得到实惠，享受改革开放和经济发展带来的成果，他们传承中华民族乐善好施的美德，印证了中国“义利兼顾”的商道精神。越来越多的企业展开社会责任运动，寻求经济效益和社会效益的平衡，减少对自然生态与社会环境的伤害，在商业利益的追求中，更加注重寻求人的价值与社会的和谐。

中国企业和企业家参与到全球的商业变革和社会创新的浪潮中，将商业与慈善融合，用慈善精神和理念指引商业的发展，发挥慈善资本的作用，使慈善能够持续解决变迁的世界中所面临的一系列的新问题。2014年，商业领域正在发生一系列的变革，慈善已经融入一些企

业的发展战略之中，引领“新常态”下经济的增长模式。社会创新为商业的发展描绘出一个新的蓝图，慈善资本主义、社会影响力投资、社会企业等概念获得了前所未有的关注，一场商业模式和商业伦理的革命正在酝酿。

过去几十年来，世界经济以前所未有的速度增长。资本主义对剩余价值无止境的追求，造成了资源的消耗浪费和环境污染，贫富差距日益扩大，人类的生存环境面临重大危机。哈佛大学战略管理专家迈克尔·波特认为，西方资本主义体系正陷入僵局。商业被视为造成社会、环境和经济问题的祸首，传统的商业已难以为继。在这种情况下，以经济利益最大化为目标的传统经济增长模式亟待改变，社会发展迫切呼唤新的商业模式，在全球范围内，一场“善商”革命悄然启动。

推动新商业变革的主要来自三股力量。首先是新科技的不断发展，一大批能够改变人类文明面貌的科技已经完成研发阶段，逐渐应用到日常生活中。新的通信技术、新能源、物联网、纳米材料、人工智能等科技成为人类社会变革的重要力量。如今我们已经深切感受到互联网对我们生活方式、工作方式、思维方式造成的影响，而科技革命将成为引领经济革命的首要力量。

其次是商业伦理的演进。企业社会责任运动已经席卷全球，良好的履责行为成为市场考察企业绩效的重要标准。而企业也逐渐认识到社会效益与商业利润并不是不可调和的矛盾，经济利润和社会效益兼顾的双重目标已成为优质企业的不懈追求。

最后是来自非营利领域的推动。非营利组织不断从商业领域汲取营养，塑造面对市场竞争的产品观念和服务意识，通过商业化的利润获取方式来支撑组织发展和社会使命的实现。

我们可以看到，商业与慈善之间的距离正在逐渐缩小，并出现相互融合的趋势。英国的社区利益公司、法国的集体利益合作社、美国的低利有限责任公司（L3C：low - profit limited liability company）、受益公司（B Corporation）和“灵活目的公司”（Flexible Purpose Corporations，FPC）等新的公司形态纷纷出现，它们都是传统的营利哲学与慈善相关的特殊使命相结合而诞生的公司形式。这种多元化的组织形式和活动方式，将引领未来商业的发展，社会价值将成为商业发展最基本的前提。

四、互联网 + 慈善，新科技为慈善插上翅膀

截至 2015 年 6 月，我国手机网民规模达 5.94 亿，网民中使用手机上网的人群占比 88.9%。互联网对个人生活方式的影响进一步深化，从基于信息获取和沟通娱乐需求的个性化应用，发展到与医疗、教育、交通等公用服务深度融合的民生服务。未来，在云计算、物联网及大数据等应用的带动下，互联网将推动农业、现代制造业和生产服务业的转型升级。

2014 年 1 月 1 日至 12 月 31 日，腾讯公益、新浪微公益、支付宝 E 公益三大平台及淘宝公益店铺共募集资金约 4.28 亿元，比 2013 年增长 42.6%。其中，通过微博和微信移动客户端捐赠人数占总人数的 68%，捐赠金额占 61%，都远远超过了传统电脑端捐赠。网络捐赠已经进入“无线”时代，这种变化也让网络捐赠激发出无限可能：闲暇时打发时间可以做公益，健身行走时可以做公益，聊天交友可以做公益，旅行摄影可以做公益……每个人，在每一时刻，在每个地方都能够参与公益，参与行善。

互联网是当前社会创新、大众创业的重要驱动力量。以互联网培育发展新的业态新模式，已经覆盖从工业生产到人民生活的方方面面，互联网也给传统产业和生活方式带来了巨大的变革。但“互联网 + 慈善”还停留在比较低级的阶段，仅仅将互联网作为公益慈善募捐的传播媒介和捐赠通道，还未出现针对慈善事业特点的、具有革命性的互联网产品和应用。

五、金融创新 + 慈善，慈善“造血”新模式

慈善事业能够在短时间内聚集大量财富，财富除了使用其管理和保值增值也是一个非常重要的问题。2014 年，慈善财富的金融管理解决方案成为重要词条。慈善财富的作用主要体现在两点：一是汇聚社会财富，并将财富用于公益事业，达到社会财富第三次分配的作用；二是能够作为家族财富传承的重要手段，让财富不断传承持续推动社会发展。

2014 年，“公益资本”、“公益创投”、“社会影响力投资”、“公益信托”等概念层出不穷，成为各大论坛、各项研究中炙手可热的词语，吸引了行业内外众多人士的眼球。2014 年 6 月 19 日，首届中国公益金融论坛

在北京举行，会上发布了《社会责任投资实践指南》，这是国内首部对社会责任投资进行阐述和实践指导的书籍。在10月29日召开的国务院常务会议上，李克强总理指出，要进一步扩大金融开放，在公益慈善领域“推进股权捐赠、慈善信托等试点”，“地方政府和社会力量可通过公益创投等方式，为初创期慈善组织提供支持。积极探索金融支持慈善发展的政策”。由此可见，国家层面对慈善金融的态度是“放开管控，支持发展”，为慈善金融的发展定了一个非常高的调子。

公益信托虽吸引眼球，但在国内一直发展缓慢，据《中国信托业发展报告（2013—2014）》统计，截至2013年底，信托公司开展公益信托以及类公益信托项目39个，资金总额129.17亿元，仅相当于全国信托资产的约1‰。如今公益信托虽得到国家层面的支持，但是相关的法律规制和制度还需要不断完善。截至目前，国内相继有国民信托、湖南信托、国元信托、万向信托、紫金信托等多家信托公司推出纯公益性质的信托计划，这也是多家信托机构对公益信托的试水。相信随着慈善行业法律法规的不断完善，慈善金融将迎来发展的更好阶段。

六、捐赠税收制度亟待突破

2014年，我国出现历史上首笔价值超百亿元的捐赠，马云和蔡崇信捐赠2%阿里巴巴股权，价值高达245亿元。但是这笔捐赠并没有流向中国境内的慈善组织，而是捐赠给新加坡的一家基金会。这一笔捐赠引起了广泛讨论，而马云也因为捐赠给境外而受到指责，并引起了相关部门的关注。

股权捐赠是一种新型的捐赠方式，在我国已有多次尝试获得了法律上的支持，但是在我国大陆地区，股权捐赠被认同为销售，需要缴纳股票增值部分25%的税收。股票增值造成的巨额所得税给境内股权捐赠造成巨大阻碍。马云的捐赠并没有选择境内的组织，或许是缘于对巨额税负的考量。

早在2005年初，牛根生携家人开始向老牛基金会捐赠他们持有的内蒙古蒙牛乳业（集团）股份有限公司的股份。到2010年12月，牛根生已将其持有的股份全部捐出（一部分转入Hengxin信托），成为中国股捐第一人。2011 年曹德旺捐出家族持有的价值 35.49 亿元的 3 亿股福耀玻璃股份，当期应缴的税金为 7.557 亿元，巨额的税负为捐赠人带来了巨大的负担。

2009 年，陈发树及新华都集团承诺将他们持有的紫金矿业和青岛啤酒两家上市公司的股份捐赠给福建新华都慈善基金会，捐赠当日的市值为 83 亿元，但因为需要缴纳巨额的企业所得税，该笔捐赠迟迟没有完成过户。

我国税收相关法律将股票、房产等捐赠视为销售，捐赠方在捐赠发生时需要对股权和房产的增值部分进行交税，而受赠方在变现时如有增值也需要缴税。根据《中华人民共和国企业所得税法实施条例》第二十五条，企业发生非货币性交换以及将货物、财产、劳务用于捐赠、偿债、赞助、集资、广告、样品、职工福利和利润分配等用途的，应视同销售货物、转让财产和提供劳务，都必须按照公允价值视同销售确认收入计算企业所得税，所以股票增值视为企业所得必须缴纳高达 25% 的所得税。而美国对于股权捐赠，持有一年以上的本公司股票捐赠给慈善机构不需要缴纳任何税负。仅凭这一点，对于往往是超大额捐赠的股权捐赠来说，我们与西方国家的差距还很大。

第二章　慈善政策多方突围，全面构建制度保障

2014 年，我国慈善政策实现多方突围，全面构建慈善事业稳步发展的制度保障。党的十八届三中全会提出创新社会治理体制的改革新思路，通过鼓励和支持社会各方面参与，实现政府治理和社会自我调节、居民自治良性互动。根据这一精神，2014 年，全国上下共出台了百余项公益慈善政策，内容涵盖社会组织登记门槛降低，行政审批权力下放，行业协会商会与行政机关限期脱钩，加强构建社会组织信用体系，政府向社会组织购买服务，社会组织能力建设及人才队伍建设，志愿服务规范化、制度化、常态化等方面，从中央到地方正在全面加紧建设促进慈善事业发展的制度环境。

一、国家层面高度重视慈善事业发展

2014 年 10 月 29 日，国务院总理李克强主持国务院常务会议，会议主要议题之一为：确定发展慈善事业措施，汇聚更多爱心扶贫济困。会议强调，发展慈善事业，一要落实和完善公益性捐赠减免税政策，推出更多鼓励慈善的措施。以扶贫济困为重点，引导公众捐款捐物、开展志愿服务，推进股权捐赠、慈善信托等试点。二要优先发展具有扶贫济困功能的慈善组织。地方政府和社会力量可通过公益创投等方式，为初创期慈善组织提供支持。积极探索金融支持慈善发展的政策。三要强化行业自律和社会监督。引导慈善组织依法依规募捐，严格规范使用捐赠款物，及时公开项目运作、款物募集及使用等情况。加强监管，依法查处违规募捐、违约使用捐赠款物、无正当理由拒不兑现捐赠承诺等行为。增强慈善组织公信力，

把慈善事业做成人人信任的“透明口袋”，让社会爱心的暖阳照耀困难群众、助力民生改善。这些措施将推动我国慈善事业向政策更加完善、形式更加丰富、运作更加透明的方向发展。

12 月 18 日，国务院印发《关于促进慈善事业健康发展的指导意见》（国发〔2014〕61 号，以下简称《意见》），提出“到 2020 年，慈善事业成为全面建成小康社会的重要力量”的目标。《意见》是新中国成立以来第一个以中央政府名义出台的全面指导和促进慈善事业发展的文件，在行业内引起了强烈反响。《意见》提出以扶贫济困为重点，建立慈善事业与社会救助的有效衔接和功能互补；首次倡导金融机构根据慈善特点创新金融产品，提出探索捐赠知识产权收益、技术、股权、有价证券等新型捐赠方式，并首次提出鼓励设立慈善信托。《意见》还明确了对慈善组织的扶持及规范，包括优先发展具有扶贫济困功能的慈善组织、探索培育网络慈善、直接登记、政府购买、公益创投等扶持举措及慈善组织自我管理、募捐、捐赠款物使用规范、信息公开等规范。这将对慈善组织加强自律、提升公信力有积极引导作用。

二、慈善法“开门立法”，法制化路径明晰

2014 年是法治之年，党的十八届四中全会专题讨论了依法治国的问题。慈善法经过 10 年坎坷立法路，其出台指日可待。慈善法在 2013 年 11 月被列入十二届全国人大常委会立法规划第一类项目，并由全国人大内务司法委员会主导立法。2014 年，慈善法由多个慈善法立法专家团队共同研讨，先后有民政部版本，清华大学、北京大学、中国公益研究院专家建议稿，中国社会科学院和山东大学等方面的专家建议稿。这些慈善法专家建议稿于 2014 年 12 月，上交全国人民代表大会内务司法委员会进行决策参考。这种开门立法、多元参与、充分吸收社会力量的立法形式是一种创新，体现了立法过程的进步。预计不久的将来，一部全面规范慈善行业的慈善法将与民众见面，以慈善法为母法的慈善法律法规体系也将加紧构建。

三、社会组织登记门槛继续降低

行业协会商会类、科技类、公益慈善类、城乡社区服务类这 4 类社会组织的直接登记工作在全国层面和地方各级层面都在逐步试点和铺开，有序进行。截至 2014 年 9 月底，全国共有 27 个省（自治区、直辖市）开展或试行了社会组织直接登记工作，有 18 个省（自治区、直辖市）先后出台了推进社会组织登记制度改革的相关政策文件。

据不完全统计，自《国务院机构改革和职能转变方案》明确开展直接登记至 2014 年 9 月底，全国直接登记的社会组织约 3 万个，占同期登记的社会组织的 40% 以上。其中，广东省、安徽省、江苏省、浙江省、北京市等地直接登记的社会组织数量较多，行业协会商会类和公益慈善类社会组织所占比例较大。

广州市出台的《广州市社会组织管理办法》（以下简称《办法》）规定，凡不需按法律法规要求进行前置审批的均可登记成立社会组织，几乎等于“零门槛”。在注册资金门槛上，广州市取消了社会团体和民办非企业单位的注册资金要求，将社会团体和民办非企业单位的注册资金由“实缴制”改为“认缴制”。《办法》还规定，社会组织年检制度改为年度报告制度，进一步放松政府的管制和不必要的干预。此外，还放宽了登记住所要求，邮政通信可达即能登记。

四、社会救助政策取得突破，将惠及千万困境人群

2014 年 2 月 21 日，由民政部社会救助司起草，国务院下发的《社会救助暂行办法》（国务院令第 649 号）公布，对社会救助的对象、标准、方式、法律责任等作出了详细规定。2014 年 10 月 3 日，国务院印发《关于全面建立临时救助制度的通知》国发〔2014〕47 号（以下简称《通知》），部署进一步发挥社会救助托底线、救急难作用，同时促进慈善事业与社会救助的有效衔接和功能互补。《通知》出台之后，将进一步推动慈善力量参与社会救助，主要体现在：第一，着力培育发展以社会救助为宗旨的慈善组织，包括降低门槛、通过购买服务给予支持，通过落实税收等

优惠政策，引导更多的社会组织、爱心企业、爱心个人加入慈善救助中。第二，搭建平台，特别是信息平台，让慈善需求的信息和慈善组织帮扶的项目能够对接。第三，要进一步建立表彰激励机制。继续推进志愿服务记录制度，使得志愿服务评价在升学、就业、员工考录、干部考核等方面发挥积极效用，激发公众参与到社会救助中来。第四，要加大宣传力度。让更多的人奉献爱心，让慈善能够发挥更大的作用。

全国性的《社会救助暂行办法》出台后，山西、福建、青海、云南等省份纷纷出台意见，贯彻落实《社会救助暂行办法》，切实推动了我国社会救助政策的完善。浙江省出台《浙江省社会救助条例》，成为地方性法律文本；山东省出台《山东省社会救助办法》并于2014年11月起实施，社会救助范围进一步扩大。

五、政府购买服务力度进一步加大，各地进行多种有益探索

政府向社会组织购买服务已成为政府简政放权、促进社会发展的重要举措。2014年12月18日，民政部、财政部下发了《关于支持和规范社会组织承接政府购买服务的通知》(财综〔2014〕87号，以下简称《通知》)。

《通知》进一步加大了对社会组织承接政府购买服务的支持力度，逐步扩大政府购买服务的范围和规模，鼓励有条件的地方推广利用财政资金支持、在财政预算安排中统筹考虑。政府购买服务的资金来源有专项资金、福彩公益金、财政资金等。《通知》中的一个重要内容是进一步建立健全社会组织承接政府购买服务信用记录管理机制，加强对于社会组织购买服务的绩效管理和评价，对于守信组织和失信组织给予相应的激励或惩罚措施，建立完善的社会组织信用体系。

除了北京、上海、广东等传统购买社会服务大省（自治区、直辖市）之外，其他各省份也纷纷加大购买力度，并扩大了政府购买服务的范围和规模，对政府购买内容和方式进行了有益的探索。甘肃省出台《甘肃省财政厅关于购买农村公益性演出服务的方案》，体现了地方文化特色和对传统文化的支持；河北省各级财政将购买服务列入政府财政预算，探索建立社会工作服务项目库，实现项目库管理和预算编制有机衔接；浙江省出台

《关于下达 2014 年社会组织服务平台补助资金的通知》，政府拨 1700 万元专款支持社会组织服务平台建设，组建多种服务功能的平台型、枢纽型、支持型机构；云南省卫生厅下发《云南省防治艾滋病政府购买社会组织服务工作方案细则（暂行）》，首次将社会组织的基本运转费用纳入考虑，还将建立社会组织参与防治艾滋病工作政府购买服务的“诚信档案”，进行项目管理长效机制。

六、加快志愿者队伍建设，推动志愿服务队伍规范化制度化

民政部于 2014 年 1 月印发了《中国社会服务志愿者队伍建设指导纲要（2013—2020 年）》，推动全民志愿行动，从制度、机制等方面对志愿者队伍建设进行了指导。以加强我国社会服务志愿者队伍建设，推进志愿服务规范化、制度化、常态化发展。提出了到 2020 年，注册社会服务志愿者占居民总数的比例达到 10% 的目标，并提出了规范招募注册、深化教育培训、加强记录管理、完善评价激励、加快平台建设、推进服务开展 6 项主要任务。

2 月 19 日，中央精神文明建设指导委员会印发《关于推进志愿服务制度化的意见》（以下简称《意见》），建立健全志愿服务制度，进一步壮大志愿者队伍，完善社会志愿服务体系，推动志愿服务活动经常化、制度化，促进社会文明进步。《意见》提出，要建立健全四个方面的制度：一是要规范志愿者招募注册；二是加强志愿者培训管理；三是要建立志愿服务记录制度；四是要健全志愿服务激励机制。《意见》要求充分发挥社区在志愿服务中的主导作用，通过依托社区综合服务设施，建立志愿服务站点，搭建志愿者、服务对象和服务项目的对接平台。

推动志愿服务制度化常态化发展，重心在社区；社区志愿服务要持续健康发展，离不开必要的顶层设计。2014 年 6 月，浙江省宁波市海曙区正式发布《社区志愿服务制度》，社区志愿服务有了统一的“地方标准”。海曙区将依托 81890 志愿服务中心，为社会公众和社区居民进行注册登记，发放志愿者证，逐步实现志愿服务身份唯一化，并将在志愿者组织内部建立以服务时间和质量为主要内容的志愿者星级认定制度。

七、鼓励社会组织吸纳人才，鼓励社会组织参与创业就业培训服务

2014 年 5 月，国务院办公厅印发了《关于做好 2014 年全国普通高等学校毕业生就业创业工作的通知》（国办发〔2014〕22 号），充分挖掘社会组织吸纳高校毕业生就业潜力，在落户、技术职称评定方面给予政策支持。

2014 年 7 月，上海市社团局、市人社局联合召开社会组织建立年金制度推进会，开始推进此项工作。会议指出，要把“在社会组织中建立年金制度”作为促进人才向社会组织流动、提高社会组织的整体素质的有效途径加以推动，当作促进和保障社会组织健康有序发展的重要任务来完成。通过建立年金制度，进一步完善社会组织专职人员的社会保障机制，促进人才向社会组织的正常流动，提高本市社会组织的整体素质。

2014 年 6 月，天津召开社会组织工作会议，通过多种利好政策促进社会组织发展。今后，在社会组织就业的人员，在专业技术职称评定方面享受与国有企事业单位同类人员同等待遇。

2014 年 5 月，河北省出台了《关于鼓励创业促进就业的若干政策意见》，鼓励社会组织开展创业培训和服务，社会各类创业服务机构帮助创业者成功创业，且稳定经营 6 个月以上并带动 2 人以上就业的，按每个创业者 2000 元的标准进行补贴。

第二篇　总体捐赠分析

第三章　捐赠规模与特点

2014 年我国捐赠量再次突破千亿元。货币及有价证券捐赠量占总量的近 8 成，由于 2014 年灾害较 2013 年减少，物资捐赠比例有所下降。据测算，我国注册志愿者总服务时间为 19.34 亿小时，价值约为 193.4 亿元。2014 年全国福利彩票和体育彩票销售总量达到 3823.68 亿元，筹集彩票公益金 1040 亿元。

一、捐赠量再次突破 1000 亿元，达到 1042.26 亿元

根据中民慈善捐助信息中心统计，2014 年全年，我国境内接收国内外社会捐款捐物总额共计 1042.26 亿元，占全年 GDP 的 0.16%，比 2013 年增加 52.9 亿元，小幅增长 5.3%。

其中，物资捐赠 263.31 亿元，占比 25%；货币及有价证券捐赠 778.95 亿元，占比 75%。

二、货币及有价证券捐赠量 778.95 亿元

2014 年，全国范围内各部门接收国内外社会各界捐款（包括货币及有价证券）778.95 亿元，同比增加 127.2 亿元，同比增长 19.7%。

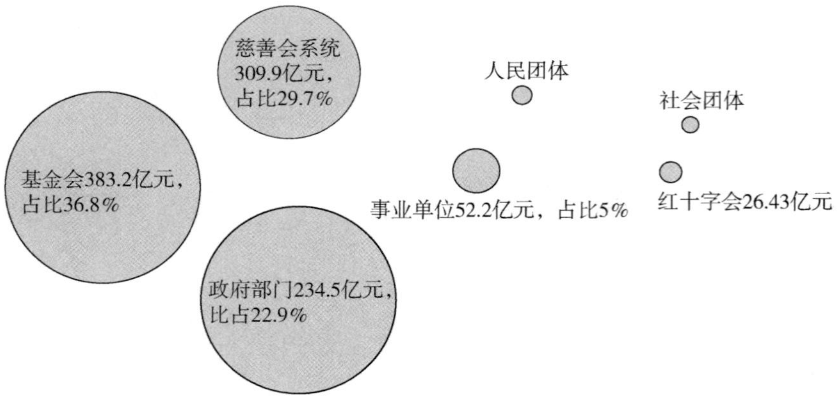

图 3-1　2014 年各部门接收捐赠情况

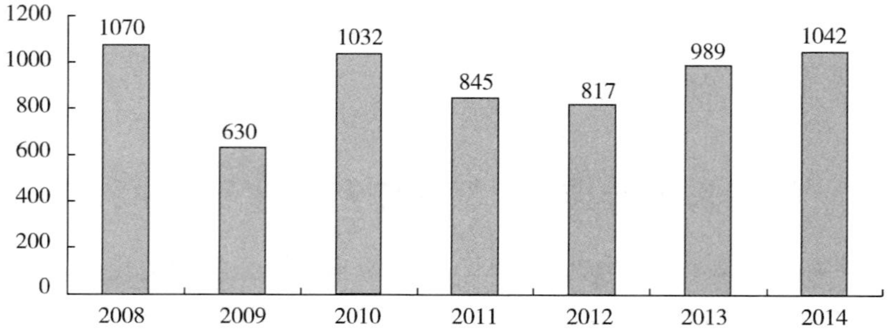

图 3-2　2008 年以来我国接收社会各界捐赠款物情况（亿元）

表 3-1　2010—2014 年全国捐款情况统计

年　度	接收捐款总额（亿元）	年增长率
2010	871	83.76%
2011	686	-24.24%
2012	620	-9.62%
2013	651	5%
2014	779	19.7%

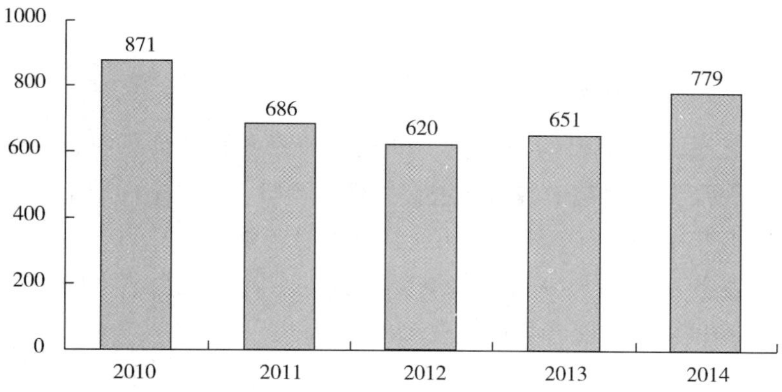

图 3-3　2010—2014 年全国捐款情况（亿元）

三、物资捐赠折价约 263.31 亿元

据不完全统计，2014 年，全国范围接收物资捐赠折算价值约 263.31 亿元，比 2013 年减少 74.36 亿元，同比减少 22.02%。

在自然灾害频发的年份，物资捐赠会增长较快。2013 年，由于发生了雅安地震、定西地震等重大自然灾害，在震后紧急救援和灾后重建阶段需要大量物资，因此，2013 年物资捐赠有大幅增长。2014 年，自然灾害较上一年度有所减少，所以物资捐赠也相应有所下降。

表 3-2　2009—2014 年全国捐物情况统计

年　度	接收物资折价总额（亿元）	年增长率
2009	156	-25.36%
2010	161	3.21%
2011	159	-1.24%
2012	197.18	24.01%
2013	337.67	71.25%
2014	263.31	-22.02%

四、志愿服务价值 193.4 亿元

对于志愿服务的统计，我们采用的是中民慈善捐助信息中心《中国城市慈善发展报告》课题中的数据进行估算。2013 年，“中国城市公益慈善指数”共收集 196 个有效样本城市，统计志愿者总人数 3236.1 万人，样本城市志愿服务平均参与率为 4.62%，全国共有注册志愿者 6319.3 万人。2014 年，全国注册志愿者数量突破 6500 万人①。

根据 2013 年的统计数据，196 个样本城市志愿者总服务时间为 9.91 亿小时，相当于 47.64 万名全职员工全年工作时间的总和。样本城市注册志愿者年平均志愿服务时长 30.6 小时，由于 2014 年的志愿服务数据统计工作还未完成，所以我们使用 2013 年的平均数据，由此可算出全国注册志愿者总服务时间为 19.34 亿小时。

国际非营利部门研究中，通常将志愿服务视为私人捐赠的重要方式。根据 196 个样本城市的志愿服务时间数据统计，结合我国 2004 年起实行的《最低工资规定》，我们将志愿者的志愿服务折算为经济价值。

志愿者捐赠价值 = 志愿者服务时间 × 每小时的工资 = 19.34 亿小时 × 10 元/小时 = 193.4 亿元

五、筹集彩票公益金 1040 亿元

2014 年全国福利彩票和体育彩票销售总量达到 3823.68 亿元，筹集彩票公益金 1040 亿元。其中福利彩票总销量突破 2000 亿元大关，达 2059.68 多亿元，同比增加 294 亿多元，增长 16.67%；为国家筹集公益金 570 多亿元，同比增加约 66 亿元。

---

① 民政部部长李立国在 2014 年 12 月 5 日召开的国际志愿者日主题宣传与实践活动上讲话：“目前，全国志愿服务组织已达到 12.9 万个，常年参与志愿服务活动的志愿者已达 6500 多万人。”

第四章 捐赠领域

2014 年捐赠最主要的 3 个领域分别是医疗、教育和扶贫，这三大领域所接收的捐赠占总额的 75% 以上。其中，医疗健康领域的捐赠多流向西部贫困地区，捐赠内容以药品和医疗器具为主，医疗设备捐赠占比低。教育领域捐赠分布不平衡，高校接收了 75% 教育领域捐赠，其他教育机构获捐较少。生态环境领域捐赠较上一年有大幅回升，受到较多公众关注，接收捐赠 36.5 亿元。在人群服务领域，儿童、妇女、老人仍然是捐赠者最关注的几类群体。

一、医疗、教育、扶贫三大领域占捐赠总额的 75% 以上

2014 年，我国并没有发生范围大、时间长、危害重的自然灾害，因此，2014 年的减灾救灾领域并没有像 2008 年、2010 年、2013 年一样，减灾与救灾领域吸收了大量的社会捐赠。根据对 2014 年捐赠样本数据的分析，[①] 我国社会捐赠最集中的领域前五位分别是：医疗健康、教育、扶贫与发展、减灾与救灾、非限定性捐赠。

表 4－1 2014 年全国捐款接收领域情况统计表（样本）

年 度	接收物资折价总额（万元）	占比重
医疗健康	1321492.80	37.1%

① 捐赠领域的分析样本数据为 19 余万条，共计 356 亿余元。

续表

年　度	接收物资折价总额（万元）	占 比 重
教　育	985232.10	27.66%
扶贫与发展	383870.40	10.78%
减灾与救灾	190968.90	5.36%
非定向	149520.00	4.2%
生态环境	124565.00	3.5%
文化、体育、艺术	121131.10	3.4%
人群服务	118992.00	3.34%
公共事业	95558.50	2.68%
其　他	70734.80	1.99%
合　计	3562065.60	100%

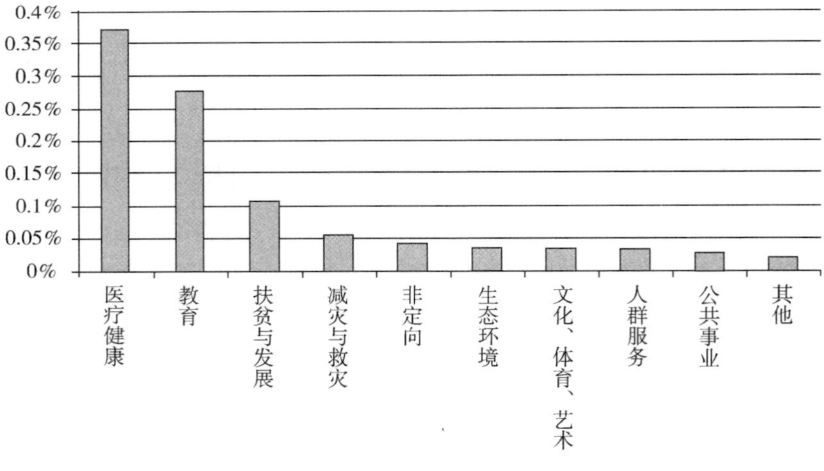

图 4－1　2014 年主要捐赠接收领域统计

根据样本数据，2014 年样本中医疗健康领域接收捐赠最多，高达 1321493 万元①，占比 37.1%。医疗领域接收捐赠主要是药品，由于捐赠药品价格高，数量多，使近几年医疗健康领域成为我国慈善捐赠第一大领域。

① 该数据来源于针对医疗领域的统计分析样本，为不完全统计。

教育领域一直是我国慈善捐赠的重要领域，充分显示出我国财富阶层对于教育事业的关注和重视。历年来，社会各界每年有大量的捐赠流向学校，尤其是各大高校及高校基金会，成为吸收社会捐赠的重要主体。样本中，教育领域共吸收慈善捐赠985232万元，占比27.66%，成为2014年第二大捐赠领域。

扶贫与发展紧随其后，成为第三大捐赠领域，共吸收捐赠383870万元，占比10.78%。2014年，扶贫事业是政府职能部门和民间组织的工作重点，是全面实现小康，共筑中国梦的重要保障。2014年10月17日，国家设立首个“扶贫日”，充分体现了党中央、国务院对于扶贫事业的高度重视，是广泛动员社会各方面力量参与扶贫开发的一项重要制度安排。

从现金捐赠方面来看，捐赠领域排在前五位的是：教育、扶贫与发展、减灾与救灾、非定向捐赠、生态环境。而在总体捐赠中排在首位的医疗健康领域，在现金捐赠中排在第七位，占比4.49%，反映出医疗健康领域物资捐赠占绝大部分，主要是药品、医疗器械的捐赠。

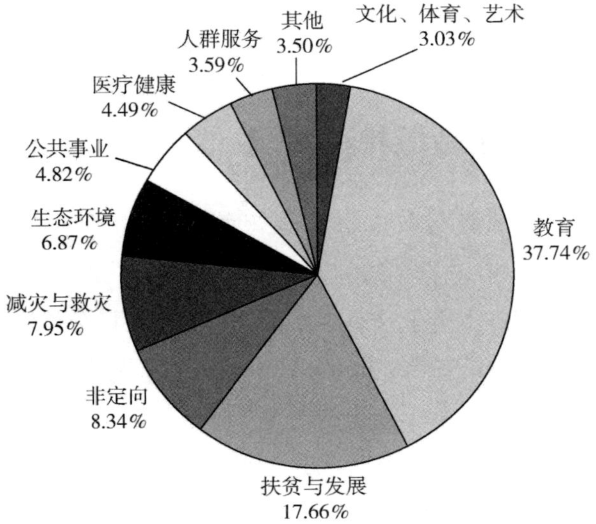

图4－2　2014年现金捐赠接收领域占比

第二篇　总体捐赠分析

10·17 扶贫日

2014 年 10 月 14 日，国务院扶贫办宣布从当年开始，国家将每年的 10 月 17 日设立为“扶贫日”，旨在促进全世界尤其是发展中国家的减贫意识。10 月 17 日也是国际消除贫困日。

2014 年“扶贫日”期间，展开了包括召开社会扶贫电视电话会议和社会扶贫座谈会、举办“10·17”减贫论坛等一系列活动，国务院扶贫办等有关部门积极发动中央和国家机关、军队和武警部队、大中小学校、国有企业、民营企业等单位和个人，特别是动员能源、旅游和电子商务等有关行业投身社会扶贫，营造全社会参与扶贫开发的良好氛围。

按照农民年人均纯收入 2300 元（2010 年不变价，相当于每天 1 美元）的扶贫标准，到 2013 年底，我国农村贫困人口有 8249 万人；按世界银行每天生活费 1.25 美元的标准，我国农村贫困人口大约还有 2 亿多。目前，我国共有 592 个国家扶贫开发工作重点县，14 个集中连片特困地区，680 个连片特困地区县。剔除其中重合部分，共有 832 个县区享受国家相关扶贫政策。

二、医疗健康领域捐赠情况

（一）医疗健康领域以捐赠药品和器具为主

据统计，2014 年全国在医疗领域接收捐赠 386.68 亿元①，占比 37.1%，与 2013 年基本持平。对该样本进行分析，医疗健康领域捐赠以物资为主，其中各类药品和器具占比 91.7%，现金捐赠仅占 6.13%，医疗设备捐赠占比 2.16%。

流向医疗健康领域的捐赠中，超过 90% 捐赠是通过中华慈善总会等在北京的全国性社会组织接收并转拨的。其他接收医疗健康捐赠相对较多的省份有：福建省、河北省、山西省、上海市、新疆维吾尔自治区、甘肃省、河南省、四川省等。

① 该数据来源于中民慈善捐助信息中心所统计到的全国捐赠数据。

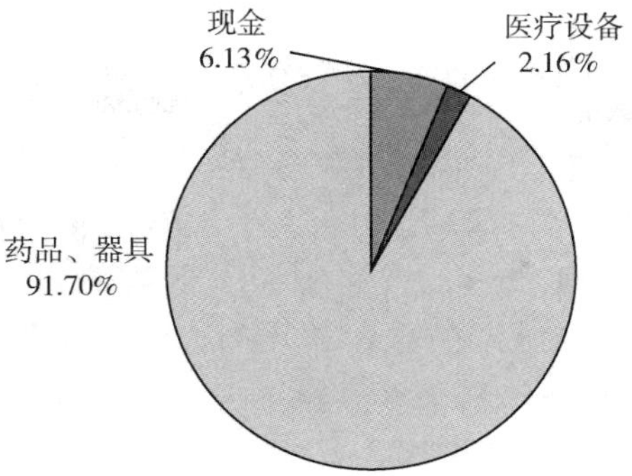

图 4－3　2014 年医疗领域接收捐赠款物情况

（二）医疗健康领域几大品牌

医疗健康领域捐赠样本中，捐赠金额最高的几个项目分别是中华少年儿童慈善基金会（简称儿慈会）的 9958 儿童救助平台和乡村儿童大病医保公益基金，中国妇女发展基金会（简称妇基会）的母亲健康快车项目和伊爱基金项目，大连慈善基金会的“心”健康快车项目以及北京慈善协会的北汽儿童大病救助爱心专项慈善基金。

其中，儿慈会 9958 儿童救助平台、大病医保公益基金和妇基会母亲健康快车、伊爱基金等都已经成为公益慈善领域的品牌项目，其项目运作模式、信息披露、运营效率都可以成为业界的标杆，因此其募款能力较强，成为监测样本中接收捐赠较多的项目。

表 4－2　2014 年部分医疗领域劝募品牌

项 目 名 称	捐款额（万元）
中华少年儿童慈善基金会 9958 儿童救助平台	2674.04
中国妇女发展基金会母亲健康快车	2210.00
中国妇女发展基金会伊爱基金	885.40
中国乡村儿童大病医保公益基金	821.80
大连慈善基金会心健康快车	810.00
北汽儿童大病救助爱心专项慈善基金	782.50

中华少年儿童慈善基金会9958 儿童救助平台

2011 年3 月，儿童求助热线400 - 006 - 9958（9958 谐音“救救我吧”）正式设立。该项目是中华少年儿童慈善救助基金会（简称儿慈会）4 大主项目之一，项目秉承给予孩子爱的温暖的理念，坚持“救急、救命、快捷、实效”的原则，救助在各种困境中的少年儿童。9958 儿童紧急救助项目在成立之初即定位于“救急救助，快捷有效”，针对社会上的困境儿童尤其是大病贫困患儿实施有效救助。

9958 儿童紧急救助中心下设“9958 辰希计划”、“9958 宝贝别怕——儿童意外伤害紧急救助基金”、“9958 豫暖童心基金”、“9958 宝贝早安——贫困早产儿紧急救助基金”4 个救助子项目。针对先天性疾病贫困患儿、遭受意外伤害的贫困患儿、农村贫困早产儿等不同人群提供救助。

紧急救助的全部流程分为：第1 步，患儿家属申请救助；第2 步，医疗专业评估团评估救助条件；第3 步，对符合救助条件的患儿进行直接拨款、开通平台进行筹款；第4 步，向患儿转款；第5 步，相应财务票据返还。全过程最快在2 小时内完成，并做到财务公开透明。

中国妇女发展基金会母亲健康快车

2003 年7 月，在全国妇联和国务院妇儿工委办的大力支持下，中国妇女发展基金会大型公益项目——“母亲健康快车”在北京正式启动。母亲健康快车专家委员会、中国女医师协会、中国疾控中心妇幼保健中心等机构领袖是项目的专家团队。

项目通过募集善款，购置母亲健康快车（救护车），免费捐赠给当地县级妇幼保健院，由当地基层妇联组织协同医院共同执行该项目。项目以流动医疗车为载体，以项目专家委员会为业务指导，使每辆车形成培训与宣导、筛查与体检、预防与救助功能兼备，增加服务半径，具有救治辐射效应的卫生健康服务平台。

中国妇女发展基金会伊爱基金

“伊爱基金”是由中国妇女发展基金会和爱心企业联合发起，由社会爱心企业、爱心人士捐助的专项公益基金。该基金于2011年9月24日，在北京举行了启动仪式。基金的宗旨是：关爱女性健康、关心儿童成长；开展女性健康教育、预防女性生殖疾病；帮助贫困地区女性。其中关爱至伊·流产后关爱（PAC）——“支持医院建立流产后优质计划生育服务门诊”项目已覆盖全国30个省区市的170个地级市，共有486家医院设立了符合项目要求的PAC关爱门诊并获得项目资助，每年惠及女性超过150万人次。

中国乡村儿童大病医保公益基金

2012年2月，儿童大病医保项目中国乡村儿童大病医保公益基金会是由邓飞、王振耀、陈朝华、薛蛮子、张泉灵、凌红江、邱启明、王长田、余德耀等媒体、公益人士与中华少年儿童慈善救助基金会共同发起，并取得合法公募资格的公益项目，旨在为中国乡村儿童免费提供大病医疗保险服务。

基金免费为试点地区适龄儿童提供一份商业补充大病医疗保险，人均年最高保障额度为20万元。为儿童在社保、新农合保障制度的基础上，构筑更高效、透明的二次补充保障体系，共同解决贫困家庭因重病导致的因病致贫、因病返贫问题，追求公平医疗机会与环境。

基金采用定点医院直赔模式，家庭不用提前垫付；实现全病种、异地治疗无差异赔付、自费费用赔付，大幅提升儿童医疗保障额度，减轻重病患儿家庭支付压力。

目前，“大病医保”公益基金在全国设4个试点，分别为湖北鹤峰、湖南古丈、云南漾濞、浙江开化。项目使共计115901人受益，投保保费共计7109930元，赔付总计2607810.35元。

北汽儿童大病救助爱心专项慈善基金

2010 年 11 月 22 日，北京市慈善协会“北汽·儿童大病救助爱心专项基金”正式启动。专项基金由北京汽车集团及其所属企业共同出资 1200 万元建立，将开展一系列“北汽·太阳花爱心行动”。据介绍，这是北京市慈善协会所属第一个专门针对困难家庭少年儿童实施救助的专项基金。

按照基金规定，凡符合北京市低保及低收入家庭条件，因病造成生活困难的 18 岁以下少年儿童都可以向该基金申请救助。根据申请者的病情与家庭困难情况，北京市慈善协会将根据专项基金的有关规定给予一定数额的救助。此前，北京市启动了“春雨行动”应急救助项目，该项目同时也面向成人开展救助。但因为 2 个救助项目内容相近，所以不能同时申请。

大连慈善总会“心”健康快车

“心”健康快车慈善公益项目是由大连医科大学心血管病医院发起，在大商集团的大力支持下，利用慈善总会的公益平台共同建立并实施的慈善项目，这是大连市慈善总会在新形势下开辟的一种募捐与救助相结合的新模式。大商集团从大商慈善基金中列支 700 万元，其中 200 万元用于购买专用体检车和医疗设备、500 万元专项用于“心”健康快车慈善公益项目活动。

自 2014 年 9 月 28 日起，“心”健康快车先后来到普兰店市的沙包镇、乐甲乡、莲山镇、星台镇，庄河市的吴炉镇、大郑镇、徐岭镇，旅顺的三涧和长城、铁山，瓦房店市的西山、复州城，长海县大长山岛社区等 15 个乡镇和社区以及 15 个敬老院及福利院，共为 4000 余名百姓进行了心血管疾病检查和治疗。

（三）医疗设备捐赠占比重低，捐赠流向西部贫困地区

2014 年医疗设备的捐赠仅为 28636 万元①，占整个医疗健康领域捐赠额的 2.16%，主要捐赠流向为西部或边疆地区的医疗机构，用于改善当地

① 该数据来源于中民慈善捐助信息中心所统计到的全国捐赠数据。

的医疗水平。

北京四海华辰科技有限公司通过中国宋庆龄基金会捐赠100台个体营养检测分析仪，价值6000万元，用于经济欠发达地区所在医院和妇幼保健院，以提高经济欠发达地区孕产妇与婴幼儿的生命质量水平和营养健康水平。

中国初级卫生保健基金会捐给定西市安定区基层医疗机构209台（件）医疗设备，总价值达5240万元。

新疆博西商贸公司为山西省上党革命老区医院捐赠5台价值4500万元的1.5T超导核磁共振设备，用于提升上党地区的医疗水平。

表4-3　2014年医疗设备捐赠项目（部分）

捐赠方	捐赠内容	受赠方
北京四海华辰科技有限公司	捐赠100台个体营养检测分析仪，价值6000万元	中国宋庆龄基金会
中国初级卫生保健基金会	捐赠209台（件）医疗设备，总价值达5240万元	定西市安定区基层医疗机构
新疆博西商贸公司	捐赠5台价值4500万元的1.5T超导核磁共振设备	上党革命老区医院
中国初级卫生保障基金会	捐赠100台丹密特麻醉深度多参数监护仪，总价值达3400万元	泸州市政府
福建省福瑞医疗科技有限公司	捐赠价值2000万元的医疗设备	新疆慈善总会
福建省福瑞医疗科技有限公司	捐赠价值1800万元的医疗设备	巴州地区人民医院
福建省福瑞医疗科技有限公司	捐赠1500万元的医疗设备	库尔勒市第一人民医院
宝塔石化集团	捐赠100辆救护车	云南、宁夏、甘肃、陕西等13省（自治区、直辖市）的100家贫困县医院
香港经纬集团	捐赠800万元，购置了蓝氧治疗仪	中国人口福利基金会

续表

捐赠方	捐赠内容	受赠方
中国建设银行	捐赠700万元购置的45辆“母亲健康快车”	新疆、内蒙古、辽宁、河北、西藏5省区妇联
厦门南普陀寺慈善会	捐赠150台液晶电脑	福建省11所学校及卫生院
四川省汶川地震灾区重建基金会	捐赠价值213万元的医疗设备	荣县中医院、荣县妇幼保健院和荣县人民医院
远东百货联合数家爱心企业	捐赠5辆救护车，总价值超过200万元	重庆江北区中医院、市精神卫生中心、市公共卫生医疗救治中心、市中医骨科医院、市红十字会医院
吴卫平	捐赠15套总价值100万元的医学智能诊疗软件	德格县医院

三、教育领域捐赠情况

据样本数据显示，2014 年，教育领域接收社会各界捐赠 985232. 10 万元，所占比重 27. 66%，与 2013 年基本持平。以此可以推算出全国教育领域接收捐赠 288. 29 亿元。教育领域捐赠以现金捐赠为主，货币及有价证券占比 70. 21%，物资捐赠占比 29. 79%。

教育事业一直是全球慈善活动和社会捐赠的主要方向之一。美国捐赠数据中，教育是仅次于宗教的第二大捐赠领域。根据中民慈善捐助信息中心历年来的统计数据，剔除每年变动较大的救灾捐赠和药品捐赠，教育一直稳居我国慈善捐赠的榜首，平均份额占 30% 左右，远远高于扶贫济困、医疗、环保等领域。

（一）教育领域捐赠分布不平衡，75% 流向高校

根据样本数据显示，2014 年，大学及大学教育基金会接收社会各界捐赠高达 739435. 2 万元，占整个教育领域捐赠的 75. 3%。

如今，各大高校非常重视并积极开展募捐工作。截至 2014 年，全国

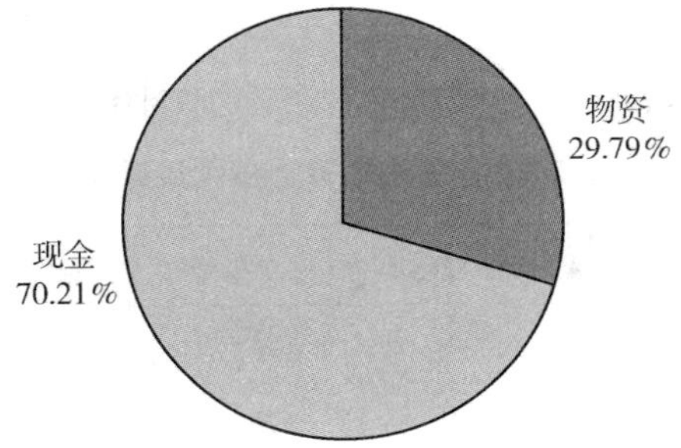

图 4－4　2014 年教育领域接收捐赠款物情况

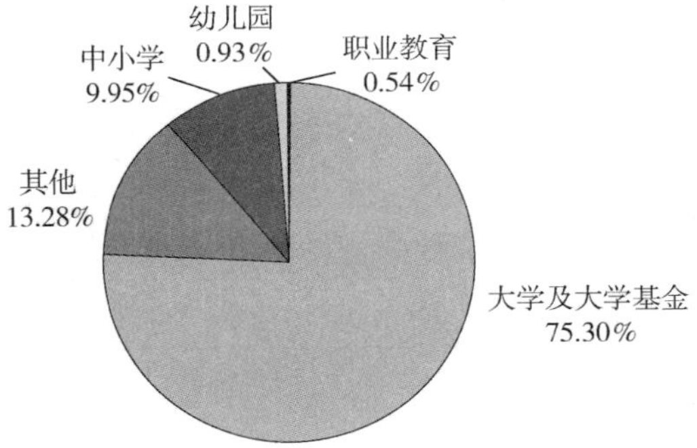

图 4－5　2014 年教育领域接收捐赠流向

共有 410 家高校基金会，大部分高校纷纷成立了具有募捐功能的校友会、发展委员会、校董会等组织机构。这些部门不仅募集了大量资金，增强了高校的造血功能，也推动了高校其他方面的发展。高校募捐工作，不仅有助于解决高等教育发展资金的难题，更能促进高校与社会联系，促进中国高等教育的可持续发展。

（二）北大校友最慷慨，捐赠累计 20. 17 亿元

对高校来说，社会声誉水平和教学科研水平高的大学吸引社会捐赠的能力更强，积累雄厚的捐赠资金支持大学的长期可持续发展，捐赠规模已经成为大学核心竞争力的一种表现。根据艾瑞深中国校友会网最新发布《2015 中国大学评价研究报告》，全国高校累计接收校友捐赠总额突破 120 亿元，3 所大学跻身校友捐赠“十亿俱乐部”。北京大学校友最慷慨，累计捐赠母校金额高达 20. 17 亿元，雄霸 2015 中国大学校友捐赠排行榜榜首，

清华大学获捐 13. 89 亿元名列第二，武汉大学获捐 11. 29 亿元，跃居全国前三强。

表 4 –4　2014 年各高校累计接收捐赠情况

名次	学校名称	所在地区	办学类型	校友捐赠总额（万元）
1	北京大学	北京	综合	201700
2	清华大学	北京	理工	138900
3	武汉大学	湖北	综合	112900
4	中国人民大学	北京	综合	75801
5	浙江大学	浙江	综合	63947
6	南京大学	江苏	综合	52559
7	重庆大学	重庆	综合	36410
8	华南理工大学	广东	理工	30018
9	深圳大学	广东	综合	29892
10	中南大学	湖南	综合	28071
11	福州大学	福建	理工	26973
12	西安交通大学	陕西	综合	23410
13	同济大学	上海	理工	22589
14	厦门大学	福建	综合	21176
15	华中科技大学	湖北	理工	17084
16	四川大学	四川	综合	16606
17	天津大学	天津	理工	15348
18	中山大学	广东	综合	13010
19	吉林大学	吉林	综合	11609
20	西北工业大学	陕西	理工	11115
21	东北大学	辽宁	理工	10800

在最新的 2015 中国大学最慷慨校友排行榜中，北京大学校友、中坤投资集团黄怒波累计向母校捐赠 10. 24 亿元，以绝对的优势雄踞艾瑞深中国

校友会网2015中国大学最慷慨校友排行榜100强榜首，创造中国大学校友个人捐赠总额的最高纪录，勇夺“2015年中国大学最慷慨校友”称号。北京大学校友、金光集团黄志源屈居第二，累计向母校捐赠6.39亿元；步步高的段永平合计向母校中国人民大学和浙江大学捐款4.48亿元，名列第三；南京大学校友、天地集团杨休捐赠4.12亿元，位居第四；重庆大学校友、新尚集团唐立新捐款3.52亿元，名列第五；清华大学池宇峰、徐航、宋歌和方方等校友，合计向清华大学捐赠2.19亿元，位居第六；中国人民大学校友、重阳投资裘国根捐款2.01亿元，名列第七；福州大学校友、连天红家具李机能捐款2.00亿元，位列第八；华强集团梁光伟合计向母校深圳大学和武汉大学捐款1.70亿元，位居第九；健坤集团赵伟国累计向母校清华大学捐赠1.43亿元，排名第十。

表4－5　校友捐赠TOP21

名次	捐赠校友	公司名称	所在地区	受捐高校	捐赠金额（万元）
1	黄怒波	中坤投资	北京	北京大学	102390
2	黄志源	金光集团	印尼	北京大学	63896
3	段永平、刘昕	步步高电子	广东	浙江大学 中国人民大学	44858
4	杨休	天地集团	江苏	南京大学	41171
5	唐立新	新尚集团	四川	重庆大学	35225
6	池宇峰、徐航、宋歌、方方等	完美时空 迈瑞生物等	北京	清华大学	21922
7	裘国根	重阳投资	上海	中国人民大学	20100
8	李机能	连天红家具	福建	福州大学	20000
9	梁光伟	华强集团	广东	深圳大学、 武汉大学	17000
10	赵伟国	健坤投资	北京	清华大学	14300
11	游志胜	川大智胜	四川	四川大学	13400
12	陈东升	泰康人寿	北京	武汉大学	12400
13	吴文刚	美联地产	湖北	华中科技大学	10850

续表

名次	捐赠校友	公司名称	所在地区	受捐高校	捐赠金额（万元）
14	艾路明	当代科技	湖北	武汉大学	10210
15	陈远	中科英华	北京	清华大学	10000
15	蓝春	英才房地产	北京	清华大学	10000
15	刘水	铁汉生态	广东	北京大学	10000
15	宋志平	康乃尔集团	吉林	吉林大学	10000
15	吴亚军	龙湖地产	四川	西北工业大学	10000
15	阎志	卓尔控股	湖北	武汉大学	10000
15	章鹏飞	现代联合	浙江	浙江大学	10000

（三）大学基金会净资产排名，北大清华浙大占据三甲

大学基金会是高校募捐工作专业化、制度化的保障，虽然我国大学基金会“大多依托母体大学校友工作部门、对外关系部门或财务部门而设”①，但是大学基金会往往是筹集校友捐赠和外部捐款，培育捐赠文化，管理捐赠资金，实现基金保值增值的重要保障。截至 2013 年底，我国有 3 所高校基金会跻身“十亿俱乐部”，分别是清华大学教育基金会 322046 万元、北京大学教育基金会 299037 万元、浙江大学教育基金会 119280 万元。

表 4－6　大学基金会 2013 年净资产情况②

大学基金会名称	类　型	所在地	净资产（万元）
清华大学教育基金会	非公募	北京	322046
北京大学教育基金会	非公募	北京	299037
浙江大学教育基金会	非公募	浙江	119280
南京大学教育发展基金会	非公募	江苏	82139
上海交通大学教育发展基金会	非公募	上海	67923
北京航空航天大学教育基金会	非公募	北京	49603

① 中国教育发展基金会、中民慈善捐助信息中心，《中国高校募捐状况分析报告》，第 39 页。

② 来源：基金会中心网 http：//data. foundationcenter. org. cn/foundation. html

续表

大学基金会名称	类　型	所在地	净资产（万元）
中国人民大学教育基金会	非公募	北京	48157
东南大学教育基金会	非公募	江苏	45785
北京师范大学教育基金会	非公募	北京	39727
厦门大学教育发展基金会	非公募	福建	31136
南京航空航天大学教育发展基金会	非公募	江苏	30470
上海复旦大学教育发展基金会	非公募	上海	26420
苏州大学教育发展基金会	非公募	江苏	24993
南京工程学院教育发展基金会	非公募	江苏	23425
北京交通大学教育基金会	非公募	北京	22748
中国科学技术大学教育基金会	公募	安徽	22326
南京审计学院教育发展基金会	非公募	江苏	21411
南京林业大学教育发展基金会	非公募	江苏	20231
中南大学教育基金会	非公募	湖南	19751
南京师范大学教育发展基金会	非公募	江苏	19309
南京信息大学教育发展基金会	非公募	江苏	19218
西北工业大学教育基金会	非公募	陕西	19006
江苏大学教育发展基金会	非公募	江苏	18020
广东省华南理工大学教育发展基金会	非公募	广东	17773
福建华侨大学教育基金会	非公募	福建	17358
南京理工大学教育发展基金会	非公募	江苏	16253
南京中医药大学教育发展基金会	非公募	江苏	15940
广东省中山大学教育发展基金会	非公募	广东	15737
广东省汕头大学教育基金会	非公募	广东	14880
上海市华东师范大学教育发展基金会	非公募	上海	14045
上海同济大学教育发展基金会	非公募	上海	14013
南京财经大学教育发展基金会	非公募	江苏	13792
哈尔滨工业大学教育发展基金会	非公募	黑龙江	13708

续表

大学基金会名称	类　型	所在地	净资产（万元）
中科院研究生教育基金会	非公募	北京	13399
武汉大学教育发展基金会	非公募	湖北	13214
宁波大学教育发展基金会	非公募	浙江	13028
重庆大学教育发展基金会	非公募	重庆	12522
华中科技大学教育发展基金会	非公募	湖北	12404
四川大学教育基金会	非公募	四川	12302
中国传媒大学南广学院教育发展基金会	非公募	江苏	11893
扬州大学教育发展基金会	非公募	江苏	11734
福建集美大学教育发展基金会	非公募	福建	11561
江苏南航金城教育发展基金会	非公募	江苏	11496
中央财经大学教育基金会	非公募	北京	10920
复旦管理学奖励基金会	非公募	上海	10797

（四）中美大学捐赠支出对比

根据基金会中心网发起的一项针对985高校基金会2009—2013年的公益支出的调查，5年间38所985高校基金会的总支出为81.55亿元，主要支出分别是基础设施建设，占30%，学科建设，占30%，学生支持27%，教师支持7%，其他支出占6%，针对社会公益事业的支出为5560万元，占比0.68%。

在美国高校的限定性捐赠资产中，用于学生资助的资金最多，占到35.8%，其次是教学和教职工报酬①。

（五）教育捐赠地域分布极其不均，教育不发达地区捐赠量极少

根据捐赠样本分析，教育捐赠主要流向湖北省、北京市、福建省、江苏省、广东省、吉林省6个省份，且多为教育发达地区，占据捐赠样本的71%；而接受捐赠最少的6个省份：江西省、宁夏回族自治区、内蒙古自治区、西藏自治区、云南省、青海省募捐的资金总和只占样本数据的0.52%。

① 中国教育发展基金会、中民慈善捐助信息中心，《中国高校募捐状况分析报告》，第61页。

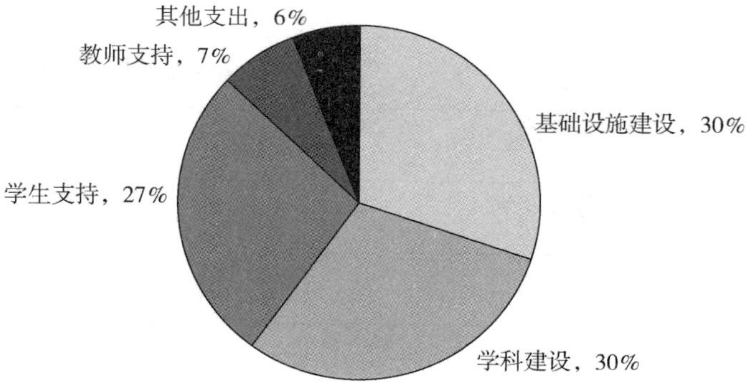

图 4－6　中国 985 高校基金会支出结构

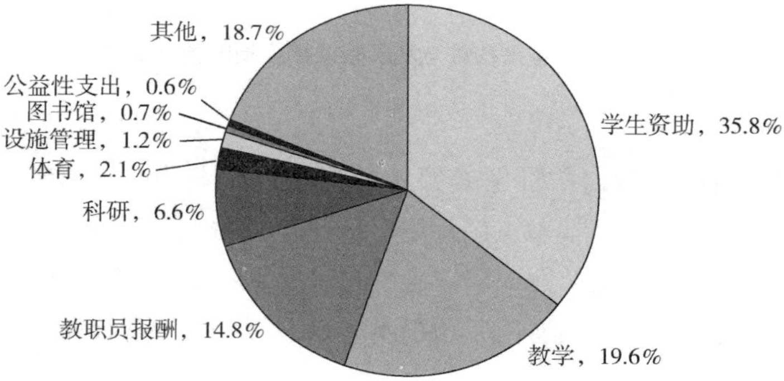

图 4－7　美国大学基金会支出结构

四、扶贫与发展领域捐赠情况

2014 年，扶贫与发展领域的社会捐赠量约为 112 亿元，占捐赠总量的 10.78%。扶贫发展领域是慈善捐赠重点投入领域，而在有重大自然灾害的年份，捐赠者对扶贫与发展领域的投入会转向减灾救灾领域。

从样本数据来看，扶贫发展领域的捐赠大量来源于各地以扶贫济困为主题的“慈善一日捐”、“扶贫慈善日”活动捐赠。如 2014 年广东省 6·30 扶贫济困日对接捐赠资源 4.1 亿元、郑州慈善日活动捐赠 1.36 亿元、山东滨州“慈心一日捐”、德州市“慈心一日捐”等政府主导的扶贫济困活动。此类活动有非常强的号召力，参与主体广泛，包括当地企事业单位、宗教

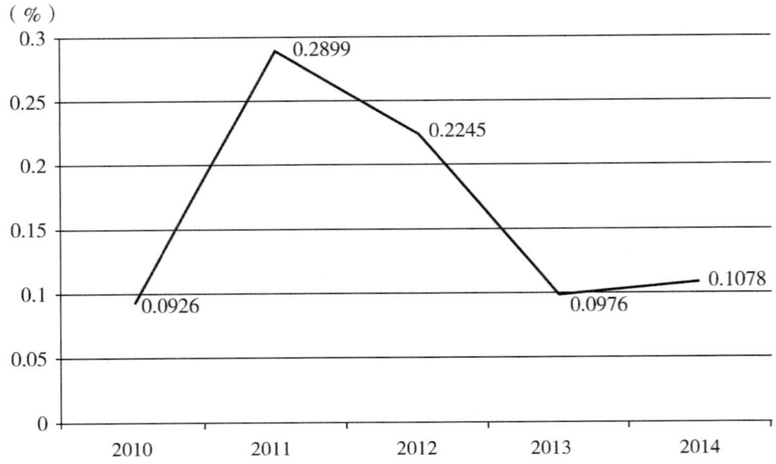

图 4－8　5 年来扶贫与发展领域接收捐赠情况变化

机构、爱心个人等。

从捐赠主体来看，扶贫发展领域的捐赠以企业为主，占比 69. 39%，如中国海洋石油总公司捐赠 1 亿元用于援建宁夏中南部城乡饮水安全连通工程；碧桂园控股有限公司向广东省扶贫基金会捐赠 1 亿元用于广东的扶贫事业；桃源居实业集团有限公司捐赠 2500 万元用于深圳市的扶贫事业。

广东 6·30 扶贫日

自 2010 年起，广东省将每年 6 月 30 日设立为“广东扶贫济困日”，并在全省范围内广泛开展扶贫济困活动，大力弘扬团结互助、乐善好施的传统美德，打造了一个政府主导、各方支持、社会参与、全民关注的扶贫济困爱心平台，有力地支持和推动了全省的扶贫开发事业。

2015 年的广东扶贫济困日活动以“扶贫济困、共同参与”为主题，以“两不具备”贫困村搬迁安置、省属国有工矿棚户区改造、“大爱救心”、“贫困单亲母亲关爱工程”、“0—6 岁残疾儿童抢救性康复”、“情系山区、送书助学”、博爱卫生站建设、“送电脑进学校”、“爱心助行惠万家”、“一张纸献爱心行动”等为省级重点项目，倡导“人人参与、人人慈善”，推动形成扶贫济困可持续发展、社会共同参与的长效机制。据统计，截至 7 月 1 日，在 2015 年扶贫济困日活动中，广东省共认捐 18. 5 亿元。

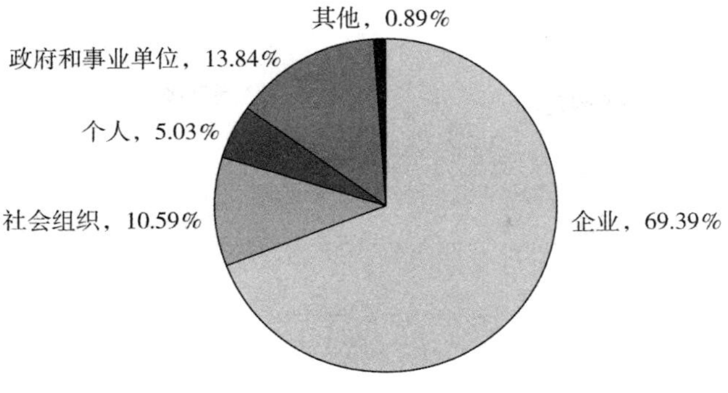

图 4－9　扶贫与发展领域捐赠主体占比

五、生态环境领域捐赠情况

2014 年生态环境领域的捐赠较上年有大幅回升。得益于环境问题越来越受到公众的关注，全年生态环境领域共接受捐赠 36.5 亿元，占比 3.5%，较 2013 年增长 2.54 个百分点。

（一）浙江省五水共治动员全民力量治水，认捐金额达到 25.5 亿元

浙江省于 2014 年启动的“五水共治”工程，举全民之力治水，力争在 2020 年前实现质变。根据浙江省环保厅副厅长、省治水办专职副主任方敏的介绍：“五水共治”启动后，浙江各地干部群众、企业家、省外浙商、华人华侨踊跃捐款。截至 2014 年 6 月底，全省各级“五水共治”认捐金额已达 25.5 亿元，实际收到 16.44 亿元，其中省本级实际收到捐赠金额 4988 万元，所有捐款都已纳入各级财政专户专款专用①。

浙江省的“五水共治”募捐活动为全国的生态环境领域捐赠注入了一针“强心剂”，极大地拉升了本年度生态环保领域的捐赠量。但是这一笔数量巨大的捐款的管理和使用需要更强有力的监督监管，其使用情况也更需要向社会公众进行公开。

① 浙江在线，浙江社会各界捐赠 25.5 亿元助力“五水共治”，2014 年 8 月 11 日。http://zjnews.zjol.com.cn/system/2014/08/11/020192479.shtml

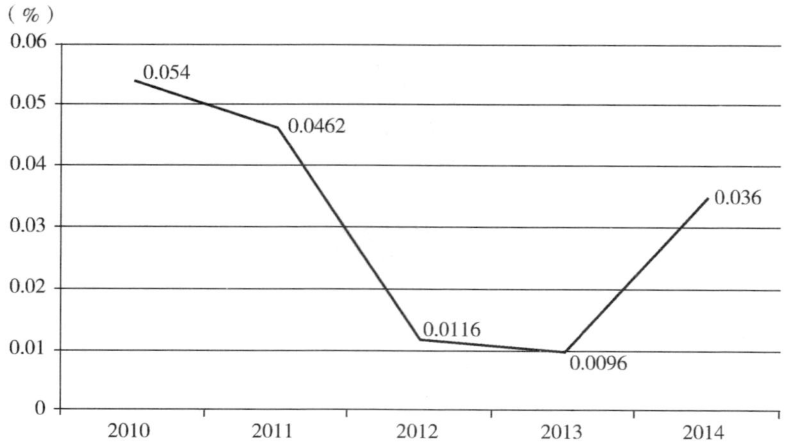

图 4－10　5 年来环境领域接收捐赠情况变化

五水共治

2013 年 11 月，浙江省委十三届四次全会提出开展“五水共治”大规模治水行动，“五水共治”为“治污水、防洪水、排涝水、保供水、抓节水”，行动旨在加快淘汰落后产能，加快消化过剩产能，以治水为突破口倒逼产业转型升级。

浙江省经济和信息化工作会议透露，浙江全省经信系统将以整治低端落后企业（作坊）为重点推进“五水共治”，尽快摸清全省低端落后企业（作坊）的底数，研究制定加快低端落后企业退出的规划、政策、标准和年度计划。同时，浙江省还将以“腾笼换鸟”为重点加大结构调整力度，完成 1000 家高能耗重污染企业的淘汰改造任务，抓紧制定出台浙江省化解过剩产能的政策措施、实施方案和工作计划，坚持国资、外资、民资一起引，加快引进一批“大好高”项目。

浙江省工商联结合“非公有制经济人士理想信念教育实践活动”，开展为期 3 年的“千企联千村、合力治污水”专项行动，通过发挥常执委企业、行业商会、异地商会、直属商会、基层商会等平台作用，实施省、市、县三级联动，全面发动广大浙商自觉参与农村污水治理工作。截至 2015 年 8 月，浙江省各级工商联发动浙商认捐治水资金达 25.13 亿元，参与企业和商会 1 万余家，结对村 1400 个。

（二）茅台10年拿出5亿元保护赤水河

2014年12月18日，茅台集团首次捐赠5000万元，成立“赤水河流域生态环境保护基金”，并承诺集团将连续10年，每年捐赠5000万元，用于赤水河流域生态环境的保护和治理。

赤水河有“生态河”、“美景河”、“美酒河”、“英雄河”的美誉，而赤水河水质的好坏直接影响沿河白酒企业的产品质量。2014年3月，贵州省已在赤水河流域启动生态文明改革试点工作，并大力推行第三方治理、生态补偿、投产污水处理厂等一系列治理措施，不断加大流域内生态环境保护力度。对于白酒企业来说，良好的自然生态环境是企业长远发展的必要条件。茅台集团从可持续发展的角度出发，一方面治理赤水河保证供应酿酒所必需的优质水资源；另一方面，企业参与环境保护与治理有助于提升企业履行社会责任的形象，加强与利益相关方的良性沟通。

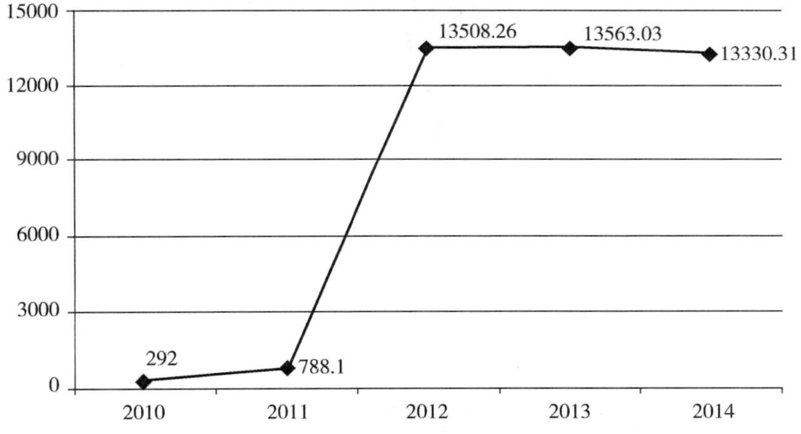

图4－11　茅台集团5年捐赠情况（万元）

最近3年，茅台集团每年的慈善捐赠量维持在13000万元以上，是企业慈善的“捐赠大户”，其主要捐赠领域是救灾、扶贫、教育和环境保护。

六、体育、文化与艺术领域捐赠情况

2014年，体育、文化艺术领域共接收社会捐赠35.4亿元，占社会捐赠总量的3.4%。

根据2014年捐赠样本数据，体育、文化艺术领域捐赠中，最大的捐赠是全民阅读相关捐赠，占比43%，包括图书馆建设、农村书屋建设、图书捐赠和相关活动；其次是用于博物馆建设的捐赠，占比14%；第三位的是用于电影、电视剧、戏剧事业的捐赠，占比11%。

与2013年相比，2014年文化艺术类捐赠中大笔捐赠数量不多，最大的一笔捐赠是来自美国的慈善家肯尼斯·贝林向陕西自然博物馆捐赠136件非洲及北美洲珍稀野生动物标本，总价值估算超过1亿元人民币；其次是成龙生日慈善晚宴，共筹款7055.2万元，全部用于支持中国电影的发展，捐给了中国电影基金会。

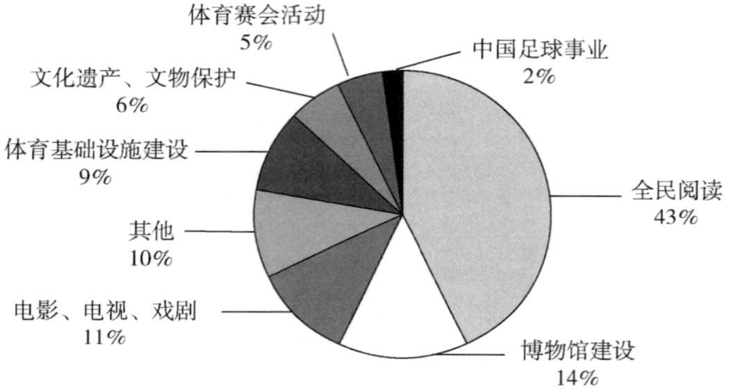

图4-12　2014年体育、文化与艺术领域捐赠分布

七、人群服务领域捐赠情况

本报告所指的人群服务是以服务对象为特征划分，包括老人服务、儿童服务、残障人士服务、妇女服务、青少年服务和其他人群服务等领域。2014年，全国范围内人群服务领域的捐赠预计达到34.8亿元，占比3.34%。

根据对捐赠样本的分析，2014年，人群服务领域接收捐赠最多的是儿童服务领域，占比33.54%，其次是妇女服务领域，占比28.17%；其他人群服务占比13.07%，老人服务占比10.28%，残障人士服务占比9.38%，青少年服务占比5.56%。

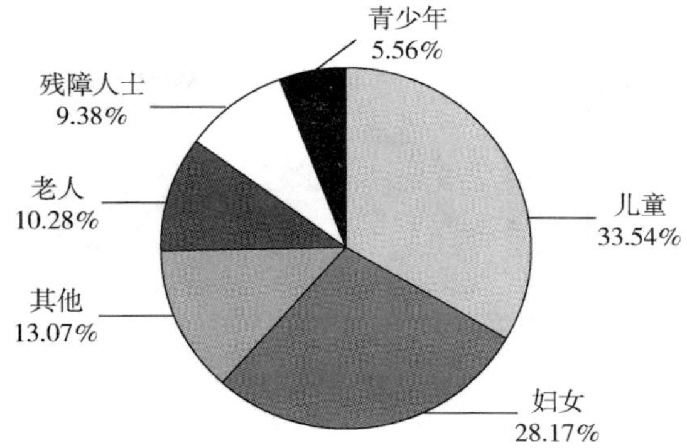

图 4－13　2014 年人群服务领域捐赠分布

（一）儿童成长与发展备受关注

样本中，2014 年儿童服务领域接收捐赠 32788 万元，其中最大的一笔捐赠是由上海玛咖人生生物科技有限公司联合宁波玛咖人生生物科技有限公司捐赠设立“玛咖人生幸福公益基金”。该基金承诺将于 2014 年至 2023 年 10 年间，向中国儿童少年基金会捐赠爱心善款 1 亿元。基金将全部用于支持开展中国儿基会“安康计划——儿童安全教育工程”系列公益项目，包括儿童安全教育活动场所建设、儿童安全教育师资培训、儿童安全教育资源开发以及相应的公益宣传等工作。

三星集团承诺分 5 年向中国残疾人福利基金会捐赠 5000 万元，用于帮助残疾儿童少年进行康复训练，掌握生活技能，以便更好地融入社会生活。本次捐赠的 5000 万元是第二期“集善·三星爱之光”公益项目，自 2010 年起，中国三星通过与中国残疾人福利基金会携手开展的综合助残行动“集善·三星爱之光”行动，开始全面的助残行动。内容包括资助贫困聋儿开展语言训练培训、为聋儿购置康复设备、资助特困脑瘫儿童进行康复训练、为自闭症儿童购置康复设备、为肢残人购置康复设备及改造假肢适配中心、支持贫困白内障患者实施复明手术、为智障儿童举办夏令营、支持中国残疾人奥运代表团参加伦敦奥运会等。

2014 年 5 月 14 日，中国三星还与中国青少年发展基金会签订《2014—2018 年度支持希望工程捐赠协议书》。根据协议书，未来 5 年，中国三星每年将向青基会捐赠 2000 万元。主要用于希望工程为平台的青少年教育支援，具体包括新建三星希望小学、援建智能教室、开展乡村孩子游学省城的“梦想课堂”活动以及双方共同商定的青少年教育相关公益项目①。

截至2014年在全国已建成145所希望小学

5 月 28 日，由捷豹路虎中国与中国宋庆龄基金会携手设立的“捷豹路虎中国青少年梦想基金”在北京正式宣告成立。捷豹路虎中国将在 3 年内投入 5000 万元，专注于国内青少年儿童的成长与发展，立足快乐体育、交通安全、人才培养、社会关爱四大领域。

9 月 26 日，“2014 美丽童行 · 中国乡村儿童联合公益慈善夜”在北京举行，活动现场筹得善款 1192.6 万元，善款分别用于中国社会福利基金会、中国少年儿童慈善救助基金会和中国社会救助基金会运营的儿童安全、免费午餐、大病医保、暖流计划项目。这是“美丽童行”第 8 次活动，已经成为我国大型慈善公益品牌项目，立足全媒体平台，一直关注中国乡村儿童权益。

美丽童行

“美丽童行”是凤凰网大型公益品牌活动，自 2007 年起，为改善贫困地区儿童的医疗教育状况贡献力量。历经 8 年，“美丽童行”已成为全球华人精英关注、参与并高度认同的高端公益活动。“2015 凤凰网美丽童行厦门——大病医保公益慈善夜”于 4 月 23 日晚在中国厦门国际会议中心酒店举行。此次凤凰网与厦门全球佛事用品展、中华少年儿童慈善救助基金会、中国乡村儿童大病医保公益基金深度合作，汇聚慈善力量。活动由佛事用品展义卖、慈善公益沙龙、爱心人士（企业）定向捐赠、慈善晚宴拍卖 4 个主体板块构成。

自 2012 年起，“美丽童行”开展的公益活动包括湖湘助学行、探访芦山宝兴县、习酒 · 我的大学、留守儿童探访、助学行等。已持续成功举办了 5 届的美丽童行慈善晚宴拍卖，累计募集善款近 5000 万元。

① 数据来自项目官网。

集善·三星爱之光

“集善·三星爱之光”行动是由中国三星与中国残疾人福利基金会合作，面向中国8500万残疾人开展的综合性残疾人支援活动。作为一项综合性的支援残疾人公益活动，“集善·三星爱之光”致力于提高残疾人的生活便利和社会适应能力。

2010年12月，中国三星为进一步扩大支援残疾人的力度，在“三星爱之光”行动的基础上，针对视觉、听觉、智力、肢体等全方位残疾人开展支援活动，每年捐赠1000万元，5年共捐赠5000万元作为活动资金。截至2014年，已有16200名贫困白内障患者重获光明，60000名聋人、盲人、智力障碍人士和脑瘫、自闭症患者得到帮助。

为了履行企业公民的社会责任，中国三星将继续与中国残疾人福利基金会合作开展第二个5年的“集善爱之光”活动：自2015年至2019年，每年捐赠1000万元，5年共捐赠5000万元，针对残疾人开展公益项目，包括帮助残疾儿童的启能行动。

免费午餐

“免费午餐”是由邓飞等500多名记者和国内数十家媒体，联合中国社会福利基金会发起的公益项目，于2011年4月2日正式启动。该项目倡议每天捐赠3元为贫困地区学童提供免费午餐。它致力于帮助因家庭贫困而没有钱享受营养午餐的学生，并且已经有很多爱心企业和人士加入活动中，通过社会捐助的力量，对一些贫困山区学校简陋的厨房条件予以改善。

自成立起至2014年底，基金累计收入11817万元，累计支出7042万元。2012—2014年，收入年均增长率为28%，支出年均增长率为74%。截至2014年底，项目累计学校总数达到439所，涉及全国23个省区，受益人数111000余人，其中，已停餐和退出学校53所。

目前基金项目学校仍然集中于四川、湖南、湖北3省。该3省现有项目学校226所，占总学校数比例近60%，拨款额占总拨款额的66%。

暖流计划

暖流计划是由邓飞及物资小组志愿者们共同发起，于 2013 年 10 月 23 日正式成为中国社会福利基金会独立的公益项目，致力于帮助贫困地区的学童募集生活、学习用的物资及资金，让贫困地区的学童健康、快乐、自信、有尊严地成长。项目专注为中国贫困山区学童进行物资募捐及工艺物流及仓储的建立，目标是打造暖流公益资源平台，协调各界，物尽其用，人尽其才。

暖流计划的固定项目包括学习包、温暖包、急救包和文体包。暖流计划所形成的平台对学校、学生、物流、物资、志愿者等方面的信息进行统筹，在北京、成都、河南、甘肃、贵州、江西及主要需求地区建立了物资接收点，组建了贫困地区学生信息数据库，对相关数据进行归类统计、整理。“1 对 1”数据量更新人数超过 9 万人。

（二）妇女服务领域品牌项目资源集中度高

根据样本分析，2014 年，妇女服务领域接收捐赠 27533.5 万元，占比 28.17%。

其中，中国妇女发展基金会各类项目与专项基金共 90 多个，其中几个妇女类的品牌项目接收社会资源较集中。“母亲水窖”项目在 2014 年全年接收善款 1564 万元；“完美关爱基金”共接收善款 1519 万元；妇女基金接收善款 1482 万元。

母亲水窖

“母亲水窖”项目是 2000 年响应中国政府提出的西部大开发战略，由全国妇联、北京市人民政府、中央电视台联合发起，中国妇女发展基金会组织实施。“母亲水窖”项目实施 15 年来，项目内容由早期的以家庭为单位建设集雨水窖，逐步发展为以水窖为龙头，集沼气、种植、养殖、卫生、庭院美化等为一体的“1 + N”综合发展模式；从重点解决群众生活用水困难到解决人畜用水、生产用水，积极推广并实施安全饮水工程，加强水资源的可持续利用等。截至 2014 年底，“母亲水窖”在以西部为主的 25 个省（区、市）修建集雨水窖近

13.9 万口，小型集中供水工程 1670 处，直接受益人口 250 万人，项目实施规模达 8.5 亿元。“母亲水窖·校园安全饮水”项目在 22 个省（区、市）的 428 所农村中小学校投放 4740 余万元，新建、改造安全饮水和卫生设施，配备净水设备，组织健康教育，受益师生 26 万余人。

（三）环卫工人和抗战老兵受到关注

环卫工人被人们赞誉为“城市黄玫瑰”、“马路天使”和“城市美容师”，在每个城市中，环卫工人为城市环境付出了辛勤劳动，但往往成为城市的困难群体。生活条件差、文化水平低、家庭压力大成为压在环卫工人身上的三座大山，他们生活在城市的最底层，还往往受到社会的不公平待遇。每年，因为工作强度大、工作条件差造成的环卫工人中暑、死亡的事件屡屡发生，因此，环卫工人群体继续受到社会的重视和呵护。1959 年 10 月 26 日，国家主席刘少奇亲切接见全国劳动模范、淘粪工人时传祥，因此各地将每年的 10 月 26 日定为“环卫工人节”，以增强全社会对环卫工人的关注与关心。

2014 年捐赠样本中，全国范围内共监测到对环卫工人捐赠 626 万元。各地基金会、慈善会等也开设了诸多针对环卫工人帮扶的专项基金。例如北京市温暖基金会的“时传祥环卫工人专项温暖基金”，长沙慈善会的“西城·环卫天使”基金等。

抗战老兵群体在抗日战争中付出了巨大的牺牲，在卫国战争中，有超过 300 万的中国军人为国捐躯，更多的因伤致残的老兵饱受磨难，如今生活贫困。这一群体也受到社会越来越多的关注。2013 年，民政部发布文件，将原国民党抗战老兵列入优抚对象，享有与退役中国人民解放军同等的社会养老保障待遇。所有为抗日战争作出贡献的军人都将得到国家的认可。

2014 年，捐赠样本数据共监测到针对抗战老兵的捐赠 454 万元。除深圳市龙越慈善基金会外，广西慈善总会、温州市慈善总会、重庆市慈善总会、成都市慈善总会等都开通了关爱抗战老兵的专项基金。

《新周刊》创刊人、社长孙冕，自 2011 年底发起“关爱老兵”慈善活动，他的“无冕爱心”团如今得到众多明星和社会各界人士的大力支持。陈坤、邓超、何炅、谢娜、韩红等纷纷加入志愿者行列，通过捐款、倡导、探望等形式表达对抗战老兵的敬意和关怀。

第五章　捐赠主体分析

2014 年捐赠中，企业仍然是最主要主体，捐赠金额占总额的约 7 成，约为 721.6 亿元。个人捐赠量达到 115.6 亿元，各类社会组织捐赠 113.5 亿元。与历年数据相比，2014 年，全国企业捐赠、人民团体与社会组织、政府捐赠占比上升，而个人捐赠、事业单位与宗教场所捐赠占比有所下降。

本章所用分析样本数据总量为 348.24 亿元，样本数据来源为中民慈善捐助信息中心日常监测数据、大额捐赠数据以及 2014 年社会组织接受捐赠调查问卷。对样本数据继续分析，2014 年我国主要捐赠主体构成如下。

表 5 –1　2014 年捐赠主体概况

捐赠主体类别	捐赠额（万元）	占　比
企　业	2410859. 2	69. 23%
个　人	386180. 8	11. 09%
社会组织	379402	10. 89%
不　详①	193431. 9	5. 55%
政　府	88976. 1	2. 55%
事业单位和宗教场所	17643. 9	0. 51%
人民团体	5945. 3	0. 17%
总　计	3482439. 2	100%

① 不详主要包括监测到的活动筹款、事件筹款等无法判定捐赠方性质的捐赠数据。

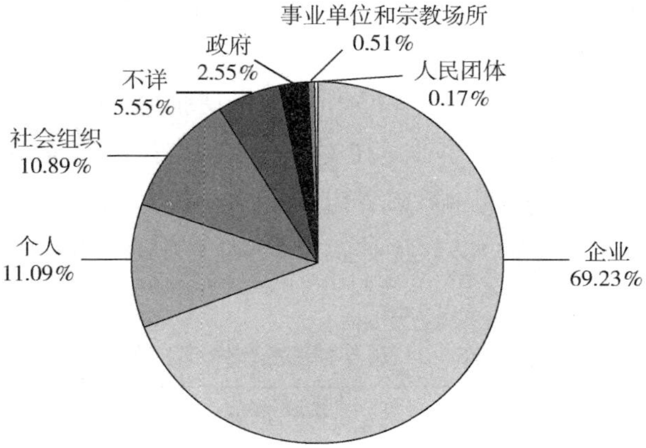

图 5－1　2014 年捐赠主体占比情况

第一，分析样本数据中，个人捐赠约 386180. 8 万元，占捐赠样本总额的 11. 09%。其中百万元以上捐赠 357 笔，捐赠金额 340646. 6 万元，占样本总数的 88. 21%；1 万—100 万元捐赠共 4401 笔，捐赠 37220. 3 万元，占比 9. 64%；万元以下的小额捐赠有百万笔以上，捐赠总额为 8313. 9 万元，占比 2. 15%。

表 5－2　2014 年个人捐赠情况统计

捐赠金额	笔　数	捐赠总额（万元）	占　比
100 万元以上	357	340646. 6	88. 21%
1 万—100 万	4401	37220. 3	9. 64%
1 万元及以下	1000000 +	8313. 9	2. 15%

第二，分析样本中，各类企业捐赠 2410859. 2 万元，占样本捐赠总量的 69. 23%。其中物资捐赠 1592390. 3 万元，占企业捐赠的 66. 05%。物资捐赠占比迅速增加是因为大量的药品捐赠和图书捐赠。

第三，分析样本中，各级政府部门捐赠 88976. 1 万元，占比 2. 55%。政府捐赠除了各级政府部门对口援助、政府对政府的救灾支援等款物之外，更多的是各级党政机关工作人员的捐赠款，但是由于以机关单位的名义捐出，因此捐赠监测中将其归入政府捐赠一类。

第四，分析样本中，社会组织（包括基金会、民办非企业、社会团体以及各地慈善会）捐赠 379402 万元，占样本年度捐赠总量的 10.89%。其中来自境外组织的捐赠 30773.9 万元。

第五，分析样本中，事业单位和宗教场所捐赠 17643.9 万元，占样本捐赠总量的 0.51%。其中事业单位捐赠大部分也是以单位名义进行的个人筹款捐赠，但在捐赠监测中难以界定，故归入事业单位一类。

第六，分析样本中，人民团体捐赠 5945.3 万元，占样本年度捐赠总量的 0.17%。

表 5－3　历年捐赠主体情况统计

捐赠主体	2014 年捐赠占比	2013 年捐赠占比	2012 年捐赠占比	2011 年捐赠占比
个人	11.09%	17.72%	29.21%	31.62%
企业	69.23%	69.63%	64.60%	57.48%
人民团体与社会组织	11.06%	6.61%	4.17%	6.22%
事业单位与宗教场所	0.51%	0.76%	0.43%	0.50%
政府	2.55%	1.49%	1.345	4.18%

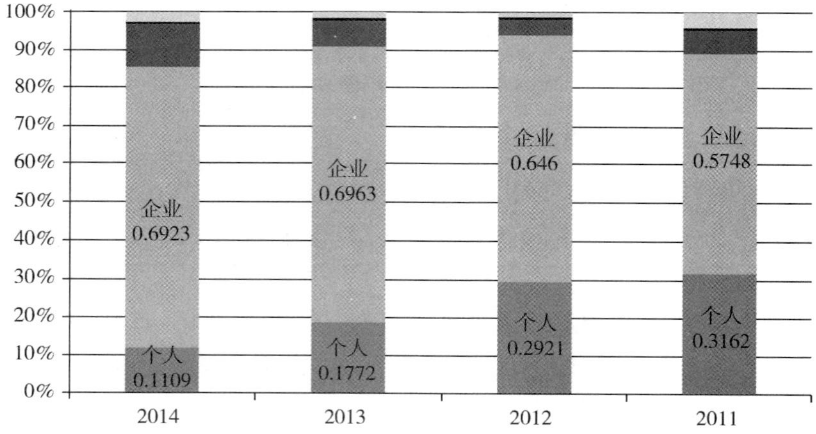

图 5－2　历年捐赠主体情况统计

从样本的捐赠数额来看，捐赠总量每年都有所上升，但是从比重上来看，从 2011 年开始，个人捐赠在总体捐赠中所占比重逐年下降，企业捐赠所占比重逐年上升。各类企业的款物捐赠约占捐赠总量的七成，企业仍然是我国社会捐赠中最主要的捐赠来源。个人捐赠虽然随着互联网的使用、慈善事业的发展得到一定程度的激发，但是个人捐赠额度很小，与动辄数千万上亿元的企业大额捐赠相比，显得微不足道，很难造成质的变化。

2014 年，各类社会组织捐赠量所占比重有了明显增长，这主要是由于社会组织成立数量不断增加，另外，越来越多的企业和企业家通过社会组织的口径对外捐赠，这样统计到的社会组织，尤其是基金会的捐赠量有所上升。

第六章　捐赠对象分析

2014 年，基金会和慈善会系统仍然是接收捐赠的主要对象，两者接收社会捐赠占捐赠总额的 66.49%。民政部门接收的捐赠在逐渐减少，比上年下降了 5.78 个百分点。慈善会系统、红十字会、人民团体和免登记组织、事业单位等都是带有官方背景的机构和组织，其接收社会捐赠量所占比重很大。政府部门或带有官方背景的机构或组织接收捐赠占到 61.35%，而民间慈善组织接收社会捐赠的比重较小。大学及大学基金会也是接收慈善捐赠的一大主体，2014 年共接收捐赠 65.8 亿元。

根据《中华人民共和国公益事业捐赠法》的规定，捐赠者可以选择以下机构作为公益慈善事业的受赠主体：以发展公益事业为宗旨的基金会、慈善组织等社会团体、从事公益事业的不以营利为目的的教育机构、科学研究机构、医疗卫生机构、社会公共文化机构、社会公共体育机构和社会福利机构、县级以上人民政府及其部门。

2014 年，捐赠者仍主要选择基金会和慈善会作为捐赠的主要对象和渠道，二者共接收捐赠 693.03 亿元，占捐赠总额的比重为 66.49%；包含民政部门在内的各级政府机构接收捐赠 238.4 亿元，占捐赠总额的 22.87%；针对中小学、出版社、研究机构、养老院、福利院、特殊学校等公益性事业单位的款物捐赠约为 52.22 亿元，占比 5.01%；红十字会系统接收捐赠 26.43 亿元，占比 2.54%。

表 6－1　2014 年捐赠对象情况统计

序号	接收捐赠的国内各部门名称	款物合计（亿元）	占捐赠总额比例
1	基金会	383.15	36.76%
2	慈善（总/协）会	309.88	29.73%

续表

序号	接收捐赠的国内各部门名称	款物合计（亿元）	占捐赠总额比例
3	除民政部门外其他党政机关	158.8	15.24%
4	各级民政部门	79.60	7.64%
5	事业单位	52.22	5.01%
6	红十字会系统	26.43	2.54%
7	人民团体和免登记组织	14.36	1.38%
8	除基金会、慈善会以外的社会组织和个人	13.65	1.31%
9	宗教场所	4.17	0.40%
10	合　计	1042.26	100%

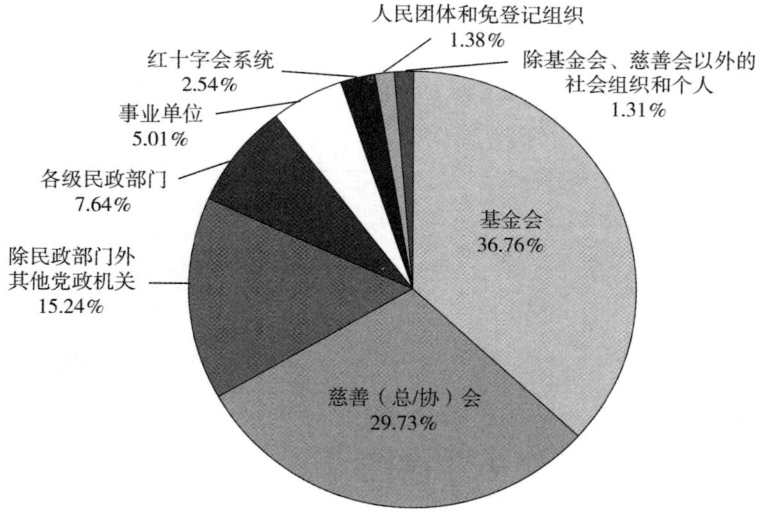

图 6－1　2014 年捐赠对象分布

一、各级民政部门接收捐赠款 79.6 亿元

根据民政部统计，截至 2014 年底，民政部门直接接收社会各界捐款 79.6 亿元。全年各地接收捐赠衣被 5244.5 万件，捐赠物资价值折款约 8.0 亿元。间接接收其他部门转入的社会捐款 2.2 亿元，衣被 105.6 万

件，捐赠物资折款 39011.6 万元。全年有 1694.9 万人次困难群众受益。从全国捐赠总额来看，民政部门接收捐赠占全年度社会捐赠总额的 7.64%。

从各省级民政部门接收捐赠的情况来看，2014 年度，江苏省接收的捐赠最多，达到 13.92 亿元，其次是云南省，接收捐赠 9.51 亿元。

表 6-2 2014 年各级民政部门接收捐赠情况[①]

省份	社会捐款（万元）	捐赠衣被（万件）	其他物资（万元）
部本级	3059.9	0	0
北京市	81287.3	150.8	20610.1
天津市	5629.3	0	299.3
河北省	457.8	1.3	1
山西省	1147.4	20.5	108.7
内蒙古自治区	361.7	0.8	8086.1
辽宁省	4071.6	0.8	6.4
吉林省	9231.9	0.7	0
黑龙江省	909.5	0	20
上海市	6124.6	15.6	0
江苏省	139238.8	59.8	3612.5
浙江省	82589.6	13.7	384.4
安徽省	260	0	0
福建省	6650.8	8.6	5064.8
江西省	1589.2	0.1	0
山东省	16091.2	0	0
河南省	2110	13.4	39
湖北省	4587	0.8	0

① 数据来自民政部 2014 年第四季度各省社会服务统计数据。

续表

省　份	社会捐款（万元）	捐赠衣被（万件）	其他物资（万元）
湖南省	18883.4	1.5	1851.1
广东省	89353.7	1204.5	678.1
广西壮族自治区	452.8	10.4	442.1
海南省	28445.5	0.2	2110.4
重庆市	49417.8	2.7	2507
四川省	21681.6	0.2	116
贵州省	4535.7	43.4	163.6
云南省	95129.5	195.7	246.7
西藏自治区	1761.8	0	0.9
陕西省	287.9	0	28.3
甘肃省	347	402	228
青海省	0	0	0
宁夏回族自治区	362.9	1.5	100
新疆维吾尔自治区	88.6	1.5	3.1

中民慈善捐助信息中心根据民政系统历年接收捐赠的数据发现，从2008年起，民政部门接收社会捐赠的情况总体处在下降趋势中。主要原因是政府逐渐不再作为募捐的主体，另外，政府也不再指定接收捐赠的机构。2013年雅安地震后，民政部发布公告，提倡社会捐赠通过依法登记、有救灾宗旨的公益慈善组织和灾区民政部门进行。从历史来看，民政部门接收捐赠与自然灾害发生的情况有着密切的联系。2014年，云南省各级民政部门接收社会各界捐赠9.51亿元，较2013年的4715.7万元增长了20倍，其原因是2014年云南鲁甸地震灾害的发生，吸引了国内外社会大量的捐赠。

表6-3　民政部门2008—2014年接收社会捐赠情况

年　份	社会捐赠款（亿元）	年增长率	捐赠衣被数量（万件）	年增长率
2008	479.3	—	115816.3	—

续表

年　份	社会捐赠款（亿元）	年增长率	捐赠衣被数量（万件）	年增长率
2009	66.5	-86.13%	12476.6	-89.23%
2010	179.8	170.38%	2750.4	-77.96%
2011	96.6	-46.27%	2918.5	6.11%
2012	101.7	5.28%	12538.2	329.61%
2013	107.6	5.80%	10405	-17%
2014	79.6	-26.00%	5244.5	-49.59%

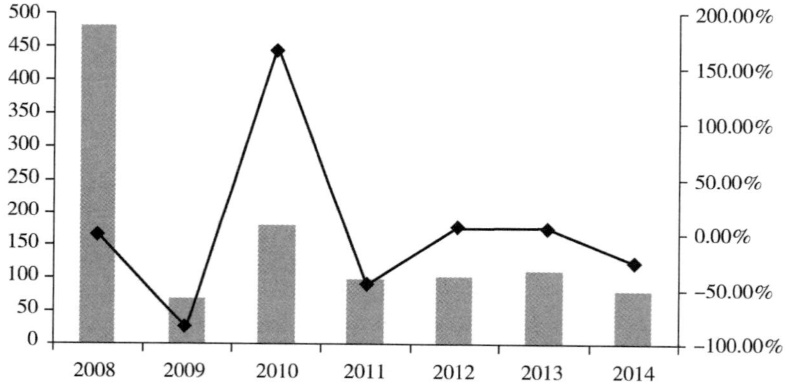

图 6-2　2008—2014 年民政部门捐赠收入变化（亿元）

二、向其他党政机关捐赠 154.9 亿元，占比 14.86%

在捐赠样本中，除了向各级民政部门的捐赠以外，向其他党政机关捐赠总额为 389132 万元，其中捐款 307575 万元，捐赠物资折价 82223 万元。

表 6-4　2014 年各级党政机关接收社会捐赠情况

行政级别	接收捐赠金额（万元）	用　途
中央部委	1500.9	减灾与救灾
省级人民政府	222291.3	减灾与救灾、扶贫与发展

续表

行政级别	接收捐赠金额（万元）	用　途
地市级人民政府	84961.1	生态环境、扶贫与发展、减灾与救灾
县级人民政府	68614.9	生态环境、教育、扶贫与发展
乡镇政府及村委会	11763.8	公共事业、生态环境、扶贫与发展
合　计	389132	

其中，省级人民政府接收捐赠最多，占比 57.12%，主要捐赠领域是减灾与救灾、扶贫与发展。与上年相比，其他党政机关接收捐赠中用于生态环境保护捐赠有了明显增长，且主要由地市级和县级人民政府接收，主要是 2014 年浙江省“五水共治”项目接收了大量的社会捐赠所致。

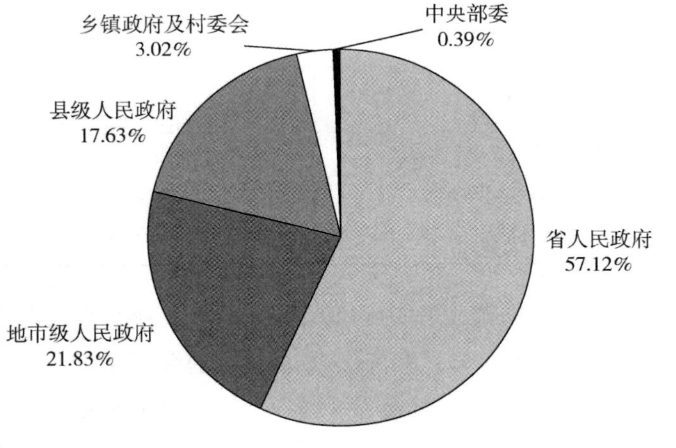

图 6－3　2014 年各级党政机关接收捐赠占比

在省级政府部门中，获得捐赠最多的依次是广东省、云南省、贵州省和海南省。在地市级政府中，获得捐赠最多的政府部门是浙江省、广东省和江苏省。

对各级政府部门的捐赠，投入最多的是扶贫与发展，占比 31.63%；其次是生态环境保护占比 28.24%；减灾与救灾领域捐赠占比 16.91%。说明在 2014 年，各地政府逐渐加强了在扶贫方面和环境保护方面的工作，而政府工作的重点，也往往成为社会捐赠的热门领域。

三、基金会接收捐赠约 383. 15 亿元

截至 2014 年 12 月 31 日，全国共有基金会 4117 个，比上年增加 568 个，增长 16. 0%。其中：公募基金会 1470 个，非公募基金会 2610 个，涉外基金会 9 个，境外基金会代表机构 28 个。民政部登记的基金会（含涉外基金会）227 个。公募基金会和非公募基金会共接收社会各界捐赠 374. 3 亿元。全年对基金会作出行政处罚 13 起，取缔 1 起①。全国基金会较 2013 年增加了 568 家，其中可明确的公募基金会增加 92 家，非公募基金会增加 473 家，占新成立基金会总数的 83. 27%。

表 6 -5　基金会收入增长情况（2010—2014 年）②

年　份	2010	2011	2012	2013	2014
基金会数量	2200	2614	3029	3549	4117
数量年增长率	19. 37%	18. 82%	15. 88%	17. 20%	16. 00%
捐赠收入（亿元）	337. 18	400. 67	376. 19	373. 45	383. 15
收入年增长率	133. 42%	18. 83%	-6. 11%	-0. 73%	2. 60%

从历年基金会增长情况图中可以看出，非公募基金会增长率远远超过公募基金会，并在 2011 年首次超过公募基金会数量。新成立的非公募基金会约占当年新成立基金会的 90%，成为中国基金会增长的主力军，根据近年来捐赠数据分析，个人大额捐赠者更倾向于成立自己的基金会再开展捐赠活动，也显示出我国大额捐赠者的慈善行为更加成熟。

在捐赠分析样本中，各类基金会接收捐赠总和约 135. 25 亿元，其中 67. 63% 投向非公募基金会，32. 37% 投向公募基金会。对非公募基金会的捐赠中，有 65. 8 亿元流向了大学及大学基金会。

① 《2014 年社会服务发展统计公报》。

② 数据来源：民政部。

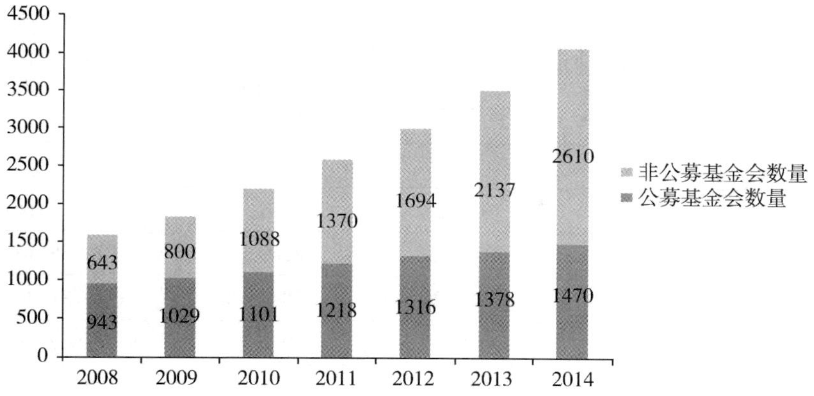

图 6－4　历年基金会增长情况（2008—2014 年）[①]

四、慈善会系统接收捐赠 309.88 亿元

据不完全统计，2014 年，全国慈善会系统接收社会各界捐赠款物总计约合 309.88 亿元，占全国社会捐赠总额的 29.73%。捐赠量比 2013 年下降 8.62%。

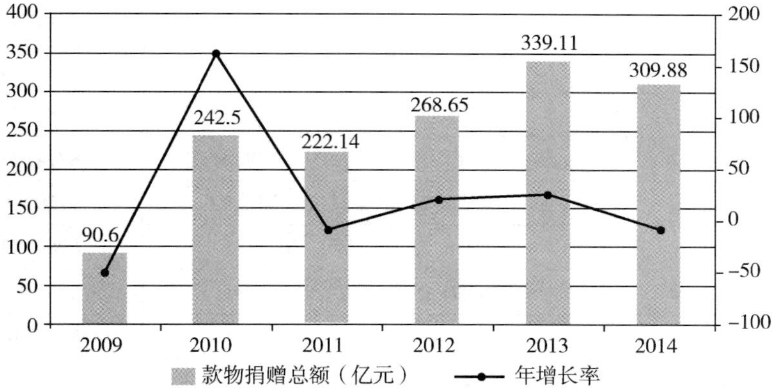

图 6－5　慈善会系统接收捐赠情况（2009—2014 年）（亿元）

2014 年，中国境内无重大自然灾害发生。与 2013 年相比，四川省慈善总会接收社会捐赠量有大幅度下降，主要因为 2013 年雅安地震接收大量的社会捐赠。上海市慈善基金会是 2014 年度接收社会捐赠最多的省级慈善

① 数据来源：民政部。

会，共接收捐赠 7.3 亿元。重庆市、湖北省、辽宁省等慈善总会接收社会捐赠比 2013 年有大幅度增长，分别增长 94.9%、783.7% 和 1320.9%。

表 6－6　部分省级慈善会 2014 年捐赠收入情况

（单位：万元）	2014 年年度捐赠收入		
机构名称	现　金	非现金	合　计
上海市慈善基金会	68755.5	4209.64	72965.14
四川省慈善总会	21376.26	28405.1	49781.36
重庆市慈善总会	19018.88	24643.51	43662.39
湖北省慈善总会	10525.16	32503.27	43028.43
辽宁省慈善总会	4140.30	32734.50	36874.80
江西省慈善总会	2929.91	31959.22	34889.13
山西省慈善总会	3478.94	31262.36	34741.3
安徽省慈善协会	583.12	33585.36	34168.48
福建省慈善总会	3160.34	25581.54	28741.88
云南省慈善总会	22891.4	5000	27891.4
广西慈善总会	2605.34	14883.91	17489.25
新疆慈善总会	895	1100	11895
内蒙古自治区慈善总会	46.19	8882.25	8928.44
陕西省慈善协会	8598.36	284.17	8882.53
天津市慈善协会	8414.73	299.51	8714.24
江苏省慈善总会	7527.74	232.22	7759.96
浙江省慈善总会	6968.73	–	6968.73
河南省慈善总会	5680.99	100	5780.99
北京市①	5507.14	210	5717.14
广东省慈善总会	4310	–	4310
吉林省慈善总会	3275.62	401.27	3676.89
河北慈善总会	2222.68	–	2222.68
海南省慈善总会	1999.69	–	1999.69
宁夏慈善总会	1217.42	498.37	1715.79
黑龙江省慈善总会	658.39	–	658.39

① 北京市数据包含北京市慈善协会和北京市慈善基金会两家。

表 6 –7　部分地市慈善会 2014 年捐赠收入

（单位：万元）	2014 年年度捐赠收入		
机构名称	现　金	非现金	合　计
晋江市慈善总会	43366. 58	—	43366. 58
大连市慈善总会	6868. 62	16606. 17	23474. 79
郑州慈善总会	6189. 61	45. 37	6234. 98
长沙慈善会	4891. 6	—	4891. 6
林州市慈善总会	5325. 29	55. 75	5381. 04
苏州市慈善基金会	3069. 43	44. 9	3114. 33
绍兴市慈善总会	2520. 08	—	2520. 08

2014 年，中华慈善总会共接收社会捐赠款物 128 亿元，其中物资捐赠 125. 4 亿元，货币资金捐赠 2. 63 亿元，物资捐赠占其募捐总收入的 97. 97%。中华慈善总会接收社会捐赠量再创历史新高，同比增长 27. 19%。①

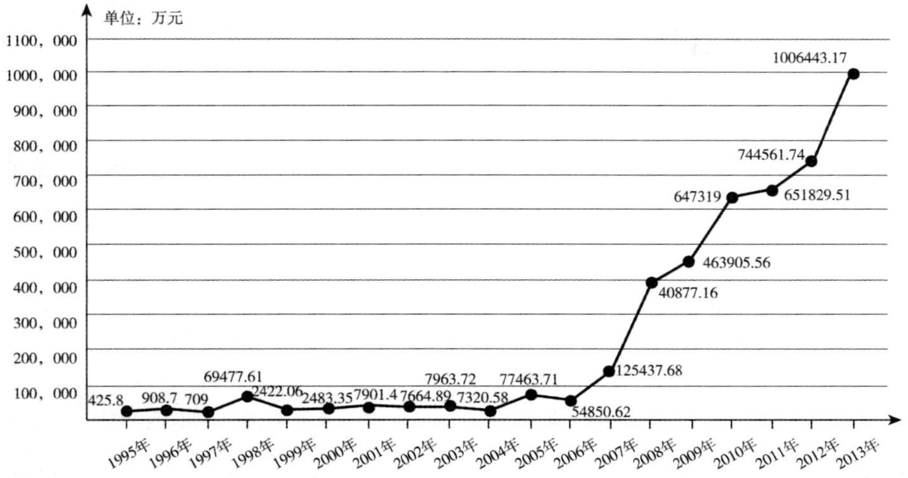

图 6 –6　中华慈善总会综合历年筹款增长趋势

① 数据来源：中华慈善总会官网：http：//www. chinacharityfederation. org/WebSite/index

五、人民团体和免登记组织接收社会捐赠 14.36 亿元

本节中涉及的组织指根据《民政部关于对部分团体免予社团登记有关问题的通知》列定的不登记和可以免予登记的社团，以及这些团体的地方性社团。据不完全统计，2014 年度，人民团体和免登记社团接收社会捐赠总量为 14.36 亿元，占全国社会捐赠总量的 1.38%。但由于统计无法覆盖所有类型，此数据无法反映此类捐赠全貌。

六、红十字会系统共接收社会捐赠 26.43 亿元

根据《中国慈善发展蓝皮书》，2014 年，全国红十字会系统累计接收境内外捐赠 26.43 亿元，其中中国红十字总会接收捐赠 39304.36 万元，省级红十字会接收捐赠 65055.31 万元，市县级红十字会接收捐赠 159910.64 万元。

七、其他机构接收社会捐赠 70.04 亿元

（一）事业单位接收社会捐赠 52.22 亿元

根据中民慈善捐助信息中心测算，2014 年针对中小学、出版社、研究机构、养老院、福利院、特殊学校等公益性事业单位的款物捐赠约为 52.22 亿元，占比 5.01%①。

（二）除基金会、慈善会以外的其他社会组织接收社会捐赠 13.65 亿元

根据民政部《2014 年社会服务发展统计公报》数据，截至 2014 年底，全国共有社会组织 60.6 万个，比上年增长 10.8%；吸纳社会各类人员就业 682.3 万人，比上年增加 7.2%；形成固定资产 1560.6 亿元；社会组织增加值为 638.6 亿元，比上年增长 11.8%，占第三产业增加值比重为 0.21%。

① 数据来源：中华慈善总会官网：http://www.chinacharityfederation.org/WebSite/index

全国共有社会团体31.0万个，比上年增长7.2%。其中，工商服务业类34099个，科技研究类16923个，教育类11412个，卫生类10060个，社会服务类44630个，文化类30101个，体育类20848个，生态环境类6964个，法律类3270个，宗教类4898个，农业及农村发展类60202个，职业及从业组织类19867个，国际及其他涉外组织类516个，其他社会团体45946个。

全国共有民办非企业单位29.2万个，比上年增长14.7%。其中：科技服务类15110个，生态环境类398个，教育类163681个，卫生类23404个，社会服务类42244个，文化类14148个，体育类11901个，商务服务类5915个，宗教类82个，国际及其他涉外组织类4个，其他民非15308个。

根据中民慈善捐助信息中心测算，2014年，除慈善会、基金会以外的其他社会组织接收捐赠13.65亿元，其中各类社会团体接收捐赠占86.04%，民办非企业接收捐赠占比13.96%。

（三）宗教场所接收捐赠4.17亿元[①]

根据统计样本测算，2014年，全国各类宗教场所接收可统计的捐赠4.17亿元，占全国社会捐赠总量的0.40%。

① 宗教场所接收捐赠数据较难统计，此数据并不能代表真实的捐赠情况。

第七章　地域捐赠分析

连续 4 年，广东省年捐赠量位居中国首位。2014 年，20 个省（自治区、直辖市）捐赠量超过亿元，捐赠最多的 3 个省（自治区、直辖市）分别为广东、北京和浙江。东部沿海地区捐赠活跃，捐赠金额较多，相比之下，西部地区的捐赠量较少，东西部捐赠差异明显。在捐赠慷慨度方面，排在前十名的分别是北京市、广东省、贵州省、海南省、福建省、浙江省、吉林省、上海市、湖北省、四川省。

一、各省份捐赠情况

（一）广东省连续 4 年独占鳌头

根据对样本数据的分析[1]，广东省连续 4 年年捐赠量位居中国首位，是当之无愧的捐赠大户。其次是北京市、浙江省，分别从 2013 年的第 4 位和第 9 位上升至第 2 位和第 3 位。

2014 年，捐赠量过亿元的省份统计有 20 个，比 2013 年减少 1 个。其中捐赠量排名上升最快的是吉林省，上升了 20 名。从全国范围来看，共有 17 个省份捐赠额排名比 2013 年上升，2 个省份持平，12 个省份排名下降。

[1] 由于分析样本数据不是全部数据，可供分析的样本数据只有 348 亿元。因此，表中的数据并不代表真实数据，比实际捐赠量要低。

表 7-1　各省份捐赠量及年度变化（万元）①

省　份	2014 年捐赠额	2014 年排名	2013 年捐赠额	2013 年排名	排名变化
广东省	507170.59	1	405225.31	1	→
北京市	374769.02	2	264599.63	4	↑
浙江省	135692.79	3	82003.78	9	↑
福建省	109516.12	4	213382.86	6	↑
山东省	92655.62	5	44538.86	10	↑
湖北省	76716.44	6	41107.08	12	↑
上海市	67684.42	7	263871.62	5	↓
贵州省	67081.34	8	37416.96	14	↑
四川省	66798.98	9	38342.76	13	↑
河南省	52783.74	10	41339.54	11	↑
吉林省	42721.11	11	655.35	31	↑
江苏省	39038.97	12	323475.81	2	↓
辽宁省	27726.43	13	114373.06	8	↓
河北省	26697.59	14	14768.59	19	↑
重庆市	25438.38	15	28008.32	15	→
广西壮族自治区	25127.5	16	15578.28	18	↑
湖南省	21012.19	17	20549.77	16	↓
海南省	18763.7	18	318970.58	3	↓
陕西省	13109.9	19	8228.43	23	↑
云南省	10197.27	20	5636.24	26	↑
天津市	7473.77	21	5311.23	27	↑
山西省	7432.95	22	7439.15	25	↑
江西省	4616.37	23	2308.82	29	↑
宁夏回族自治区	3895.23	24	126472.43	7	↓
内蒙古自治区	3473.89	25	8016.66	24	↓
甘肃省	3039.56	26	16963.15	17	↓
新疆维吾尔自治区	2776.56	27	1438.19	30	↑

① 此表数据不包含港澳台地区数据。

续表

省　份	2014 年捐赠额	2014 年排名	2013 年捐赠额	2013 年排名	排名变化
黑龙江省	2616. 31	28	8892. 6	22	↓
安徽省	2376. 34	29	10544	20	↓
青海省	1493. 5	30	2554. 56	28	↓
西藏自治区	52. 38	31	10310	21	↓

（二）东西部捐赠差距明显

2014 年，捐赠量超过 10 亿元规模的省份有 4 个，分别是广东省、北京市、浙江省、福建省，除北京外，全部位于东部沿海地区；捐赠规模在 3 亿—10 亿元的省份有 8 个，分别是山东省、湖北省、上海市、贵州省、四川省、河南省、吉林省、江苏省，大部分是人口较多的省份；捐赠规模在 5000 万—3 亿元之间的省份有 10 个，主要分布在中部和西部地区；8 个省份捐赠规模小于 5000 万元，大部分属于西部地区，港澳台地区捐赠未纳入统计。

（三）北京市慷慨度居全国之首

根据 2014 年的捐赠样本，我们将各省份捐赠水平与其经济水平进行比较，用捐赠量与当年地区生产总值之比作为慷慨度指标。

表 7－2　各省份 2014 年地区生产总值 GDP 与捐赠量

省　份	2014 年年度地区生产总值（亿元）	GDP 排名	捐出总量（万元）	捐赠总量排名	捐赠/GDP（万分之）	慷慨度排名
北京市	21330. 83	13	374769. 02	2	17. 57	1
广东省	67792. 24	1	507170. 59	1	7. 48	2
贵州省	9251. 01	26	67081. 34	8	7. 25	3
海南省	3500. 72	28	18763. 7	18	5. 36	4
福建省	24055. 76	11	109516. 12	4	4. 55	5
浙江省	40153. 5	4	135692. 79	3	3. 38	6
吉林省	13803. 81	22	42721. 11	11	3. 09	7

续表

省　份	2014 年年度地区生产总值（亿元）	GDP 排名	捐出总量（万元）	捐赠总量排名	捐赠/GDP（万分之）	慷慨度排名
上海市	23560. 94	12	67684. 42	7	2. 87	8
湖北省	27367. 04	9	76716. 44	6	2. 80	9
四川省	28536. 66	8	66798. 98	9	2. 34	10
重庆市	14265. 4	21	25438. 38	15	1. 78	11
广西壮族自治区	15672. 97	19	25127. 5	16	1. 60	12
山东省	59426. 59	3	92655. 62	5	1. 56	13
河南省	34939. 38	5	52783. 74	10	1. 51	14
宁夏回族自治区	2752. 1	29	3895. 23	24	1. 42	15
辽宁省	28626. 58	7	27726. 43	13	0. 97	16
河北省	29421. 15	6	26697. 59	14	0. 91	17
云南省	12814. 59	23	10197. 27	20	0. 80	18
湖南省	27048. 46	10	21012. 19	17	0. 78	19
陕西省	17689. 94	16	13109. 9	19	0. 74	20
青海省	2301. 12	30	1493. 5	30	0. 65	21
江苏省	65088. 32	2	39038. 97	12	0. 60	22
山西省	12759. 44	24	7432. 95	22	0. 58	23
天津市	15722. 47	17	7473. 77	21	0. 48	24
甘肃省	6835. 27	27	3039. 56	26	0. 44	25
新疆维吾尔自治区	9264. 1	25	2776. 56	27	0. 30	26
江西省	15708. 59	18	4616. 37	23	0. 29	27

续表

省　份	2014 年年度地区生产总值（亿元）	GDP 排名	捐出总量（万元）	捐赠总量排名	捐赠/GDP（万分之）	慷慨度排名
内蒙古自治区	17769.51	15	3473.89	25	0.20	28
黑龙江省	15039.38	20	2616.31	28	0.17	29
安徽省	20848.75	14	2376.34	29	0.11	30
西藏自治区	920.83	31	52.38	31	0.06	31

2014 年，全国捐赠没有出现如 2013 年的海航、党彦宝数十亿元的大额捐赠，因此各省份捐赠量和慷慨度更能够反映出其真实水平。根据捐赠样本数据①，2014 年捐赠慷慨度排在前十名的分别是北京市、广东省、贵州省、海南省、福建省、浙江省、吉林省、上海市、湖北省、四川省。其中广东省、福建省、浙江省、四川省位列 GDP 前 10 名。除贵州省、吉林省、湖北省、四川省之外，其他几个省份均位于我国的东部地区。可以看出，经济发展水平与捐赠慷慨度相对一致。

二、各省份接收捐赠情况

根据捐赠样本数据，对各省份捐赠接收情况进行分析。2014 年，北京市和广东省是接收捐赠最多的省份，排名与上年持平。北京市接收捐赠达到 142.1 亿元，占到分析样本的 47.19%，北京作为首都行政中心，是大部分全国性公募基金会和众多外企驻中国总部的所在地，因此北京接收的国内外社会捐赠最多。

其次，广东省历年是慈善捐赠和接收捐赠大省，2014 年，广东省接收社会捐赠 28.66 亿元，占捐赠样本的 9.51%。福建省全年接收捐赠 15.97 亿元，占捐赠分析样本的 5.3%。云南省 2014 年接收捐赠 7.9 亿元，排在

① 由于样本数据是不完全统计数据，总量约占全国捐赠量的 1/3，因此捐赠占 GDP 的比重比实际情况要低。

第七位，比2013年上升了23个名次，主要是因为鲁甸地震接收到大量捐赠。

表7－3　各省份接收捐赠量及年度变化（万元）

省　份	2014年	排名	2013年	排名	名次变化
北京市	1421389	1	1881313	1	→
广东省	286579.8	2	388355.8	2	→
福建省	159699.7	3	151337.2	6	↑
浙江省	107344.2	4	39681.39	12	↑
山东省	86178.6	5	25383.04	18	↑
江苏省	84818.3	6	163653.4	5	↓
云南省	79053.8	7	3047.075	30	↑
山西省	73720.1	8	40164.78	11	↑
上海市	69280.7	9	37960.72	13	↑
陕西省	69272.5	10	23494.1	20	↑
河南省	66693	11	42673.07	10	↓
贵州省	60666.9	12	35914.6	14	↑
重庆市	55372	13	27436.49	17	↑
辽宁省	54359.9	14	123398.8	8	↓
吉林省	52787	15	4249.031	28	↑
四川省	43891.8	16	332356.2	3	↓
广西壮族自治区	39214.2	17	8227.371	24	↑
湖北省	35115.9	18	50697.7	9	↓
海南省	31434	19	309648.7	4	↓
河北省	28069.4	20	14361.47	22	↑
湖南省	26137.2	21	35404.78	15	↓
新疆维吾尔自治区	25892.6	22	8942.969	23	↑
甘肃省	16350.1	23	23655.31	19	↓

续表

省 份	2014 年	排名	2013 年	排名	名次变化
宁夏回族自治区	14026.2	24	126382.5	7	↓
黑龙江省	7745.7	25	28393.2	16	↓
天津市	5364	26	7735.517	26	→
江西省	4175.8	27	7817.205	25	↓
内蒙古自治区	2374.5	28	3564.334	29	↑
安徽省	1760.6	29	7318.166	27	↓
西藏自治区	1756	30	20982.3	21	↓
青海省	1085.7	31	723.58	31	→

2014 年，4 个省份接收捐赠超过 10 亿元，分别是北京、浙江、福建、广东，除北京市外，都是东部经济发达省份。

从全国范围来看，接收捐赠量由西到东、由北向南逐渐增加。分析其主要原因是：第一，东部地区经济发达，因此捐赠量较大，接收捐赠金额也较多。第二，我国南部尤其是西南地区云南、贵州、四川、重庆等地是慈善项目集中地区，尤其是 2014 年的鲁甸地震，使云南省捐赠接收金额大幅度增长，因此西南地区是接收捐赠的次级地区。我国西部的内蒙古、青海和西藏、中部的黑龙江、安徽和江西等省份捐赠接收量较小，这些地区经济发展水平较低，也是慈善事业需求比较旺盛的地区，我国慈善捐赠应进一步向这些地区倾斜。

11 个省份是捐赠“净流出”省份。本报告通过“捐赠差”（捐出与接收捐赠之差）来监测捐赠资金流和捐赠物资流向，如差值为正值，意味着该地区捐赠资源外流到了其他省份；如果差值为负值，意味着该省份接收了较多外省份捐赠资源。

根据对国内捐赠数据样本中的捐赠信息分析显示，2014 年，捐赠净流出省份共有 11 个，其中广东省流出的捐赠量最多，达到 22.06 亿元。北京市接收外部捐赠最多，主要是因为北京市作为全国性慈善组织和众多高校的集中地，接收社会捐赠数量较大，但其中大部分捐赠都通过总部在北京的社会组织再次流转到其他省份。

图7－3　各省份捐赠差（万元）

第三篇　企业捐赠

第八章　2014 年企业捐赠报告

2014 年企业捐赠约占捐赠总量的七成，民企仍然是捐赠主力。华东地区、华北地区、中南地区的企业捐赠最活跃，捐款多流向华北地区和中南地区。教育是企业捐赠最关注的领域，减灾与救灾、扶贫与发展也受到较多关注。捐款多由各类基金会接收，各类事业单位、慈善会系统和各级政府所接收捐赠亦占有不小比重。

在企业的大额捐赠中，捐赠最多的 100 家企业平均捐赠超过 1 亿元，上榜企业多为中国 500 强企业，而民企贡献了大额捐赠中的 4 成。

一、经济下行压力与私人财富高速增长交织

（一）经济进入新常态，下行压力增大

根据国家统计局的初步核算，2014 年全年国内生产总值 636463 亿元，比上年增长 7.4%。其中，第一产业增加值 58332 亿元，增长 4.1%；第二产业增加值 271392 亿元，增长 7.3%；第三产业增加值 306739 亿元，增长 8.1%。第一产业增加值占国内生产总值的比重为 9.2%，第二产业增加值占国内生产总值比重为 42.6%，第三产业增加值占国内生产总值比重为 48.2%①。

根据国务院发展研究中心判断，2011 年以来，经济运行总体呈持续下行态势。2014 年，受房地产转折性变化影响，经济下行压力进一步加大。2014 年进入三季度特别是 8 月后，主要经济指标出现整体下滑。工程机械、发电量、化肥、原煤等工业产品产量负增长，汽车、集成电路、钢

① 中国国家统计局。

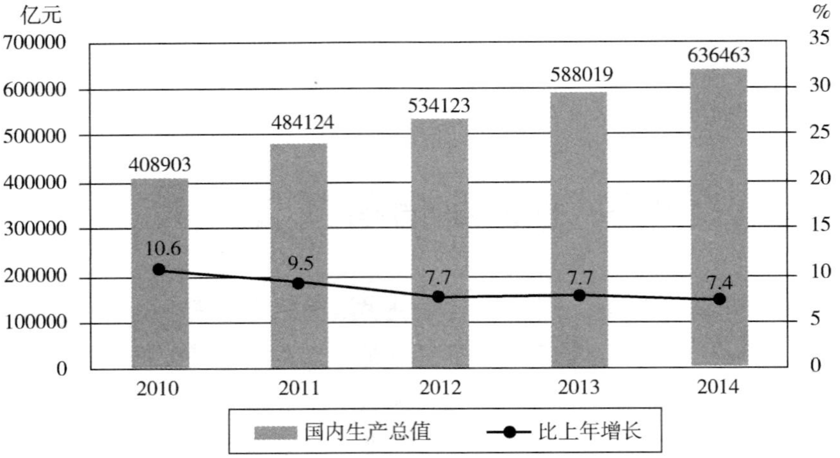

图 8－1　2010—2014 年国内生产总值增长情况①

铁、水泥等增幅出现明显下降。同时，受风险控制和市场预期影响，银行惜贷与部分企业贷款需求收缩并存，新增贷款规模和贷款余额增速均出现回落。实体经济与货币信贷都呈下降态势，供给侧降幅超过需求侧。

（二）中国高净值人士②财富高速增长

2013—2014 年，在中国宏观经济进入“新常态”的背景下，中国私人财富市场的可投资资产总量和高净值人群数量继续保持两位数的快速增长。根据麦肯锡的预计，2015 年，中国可投资资产达到 600 万元人民币以上的高净值家庭数量将超过 190 万，实现 2010 年到 2015 年年均 17% 的增长，可投资资产总额将达到近 60 万亿人民币③。社会财富规模的扩大，对慈善事业的影响便是近年来非公募基金会和个人大额捐赠的逐年增多，尤其是家族慈善基金会和企业基金会的迅速增加，说明财富群体正逐渐将慈善作为财富传承和事业稳固发展的助推器，并积极地将财富投入慈善事业中。

2014 年中国慈善捐赠量再次突破千亿元大关，主要是由高净值人群和社会财富的增加所拉动。其中主要的增长点是财富人群对于高等教育等

① 数据来源：中国国家统计局《2014 年国民经济和社会发展统计公报》。

② 高净值人士定义为 600 万元人民币（100 万美元）以上个人可投资资产。

③ 资料来源：麦肯锡全球财富数据库：麦肯锡分析。

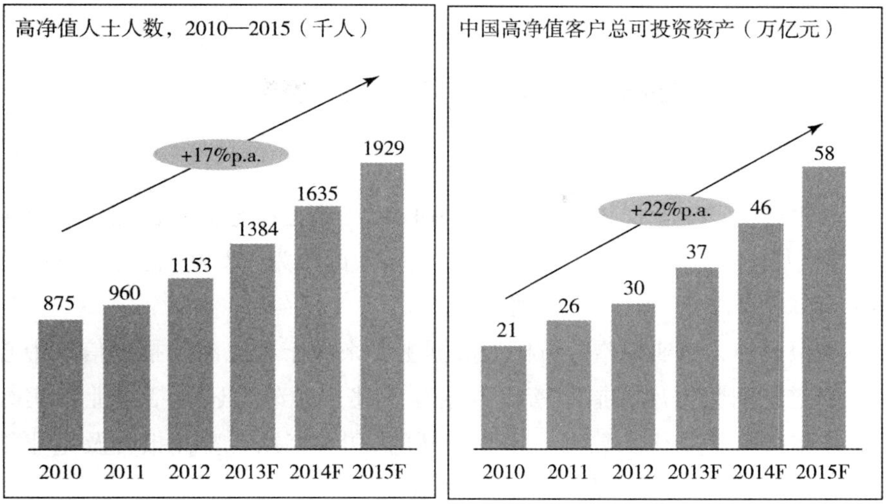

图 8－2　中国高净值人士数量和资产规模的增长

事业的捐赠和非公募基金会的迅速增加。从历年基金会增长情况图中可以看出，非公募基金会增长率远远超过公募基金会，并在2011 年首次超过公募基金会数量。新成立的非公募基金会约占当年新成立基金会的 90%，成为中国基金会增长的主力军，根据近年来捐赠数据分析，个人大额捐赠者更倾向于成立自己的基金会再开展捐赠活动，也显示出我国大额捐赠者的慈善行为更加成熟。

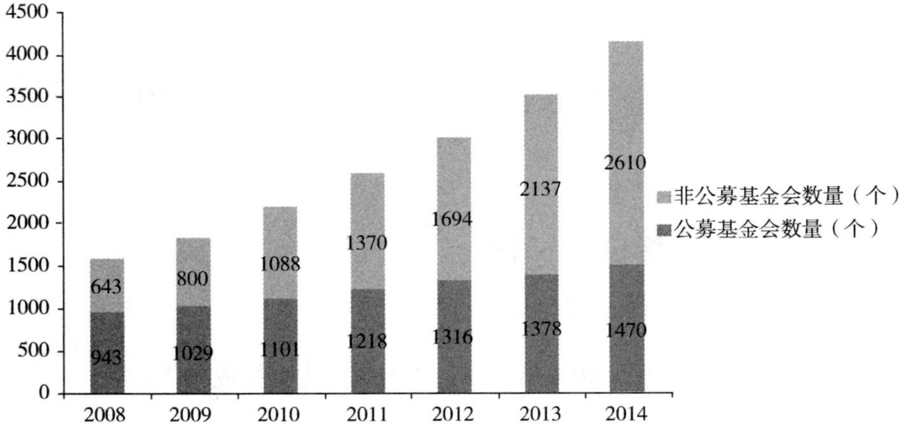

图 8－3　2008—2014 年基金会增长情况

二、企业是我国慈善最大捐赠主体

（一）数据来源说明

本报告中，企业捐赠样本收录 2014 年中国境内企业（含境内外资企业）向中国境内捐赠数据共计 14841 条，总量约为 166.02 亿元，时间为 2014 年 1 月 1 日至 2014 年 12 月 31 日。

本报告中，企业捐赠分析样本数据主要来源于中民慈善捐助信息中心日常捐赠监测数据库。捐赠榜单数据除上述来源外，还包括企业核实数据、捐赠接收单位核实数据、企业公开的 2014 年社会责任报告及企业年报、《公益时报》第十二届中国慈善榜等。

根据分析样本，2014 年明确标注为物资捐赠的金额约为 1094 万元。大部分监测数据中，物资捐赠与资金捐赠未作详细区分，下文中未明确指出捐赠类型的图表，均以捐赠总额减去 1094 万元物资捐赠后的值进行分析。

（二）企业捐赠占捐赠总量的 69.23%

根据中民慈善捐助信息中心测算，2014 年度企业捐赠金额约为 2410859.2 万元，约占 2014 年捐赠样本数据的 69.23%。企业仍然是支持中国公益慈善事业的主要力量。

根据中民慈善捐助信息中心测算，2014 年企业捐赠约占全年捐赠总额的 69.23%，所占比例与 2013 年基本持平。从 2009—2014 年的企业捐赠占比情况看，企业捐赠在捐赠总额中的比重逐步上升。

三、企业捐赠总体特征

（一）民营企业继续成为企业捐赠主力

根据分析样本推算，2014 年我国企业捐赠的主体构成如下。

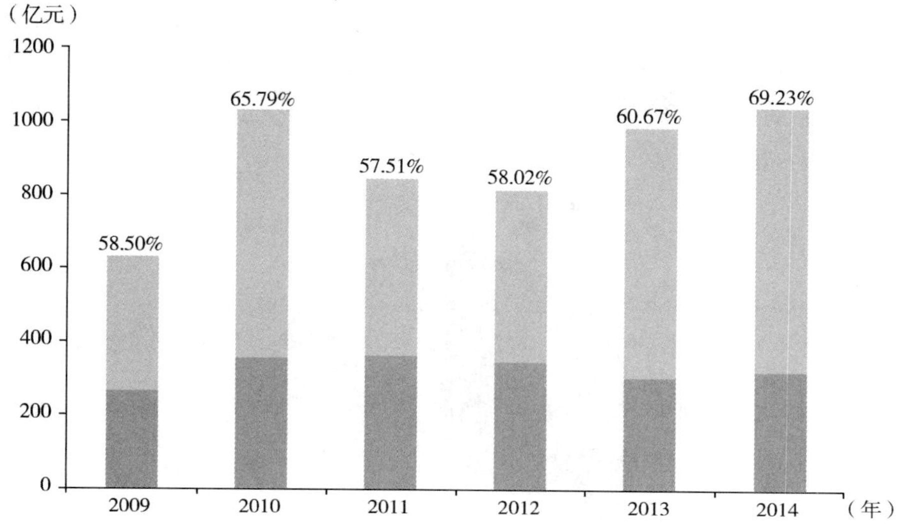

图 8－4　2009—2014 年企业捐赠在捐赠总额中占比

表 8－1　2014 年各类企业捐赠情况

主体类别	捐赠额（万元）	占　比
国有企业	1514547	20.99%
民营企业	2917253	40.43%
外资企业	2596161	35.98%
港澳台企业	187605	2.60%
总　计	7215566	100.00%

数据来源：中民慈善捐助信息中心年度监测数据。①

“国有企业”系指国有企业，包括国家控股的企业；“民营企业”系指民营、私营企业；“外资企业”系指外商独资、外商合资的在华企业②。

2014 年的企业捐赠中，民营企业和外资企业成为捐赠的主力军，国有企业捐赠比重相对较小。分析样本中，国有企业捐赠约 151.45 亿元，

① 此表数据不包括 1094 万元明确标注为物资捐赠的数据。

② 区分方式并未严格按照企业性质，主要为分析捐赠意图而进行如此划分。

占企业年度捐赠总额的 20. 99%。各类民营企业捐赠 291. 73 亿元，占企业年度捐赠总额的 40. 43%。外资企业捐赠约 259. 62 亿元，占企业年度捐赠总额的 35. 98%。港澳台企业捐赠约 18. 76 亿元，占企业年度捐赠总额的 2. 60%。

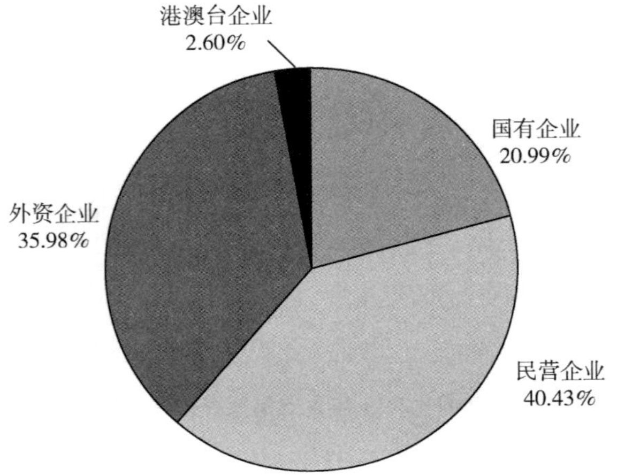

图 8－5　2014 年各类企业捐赠情况

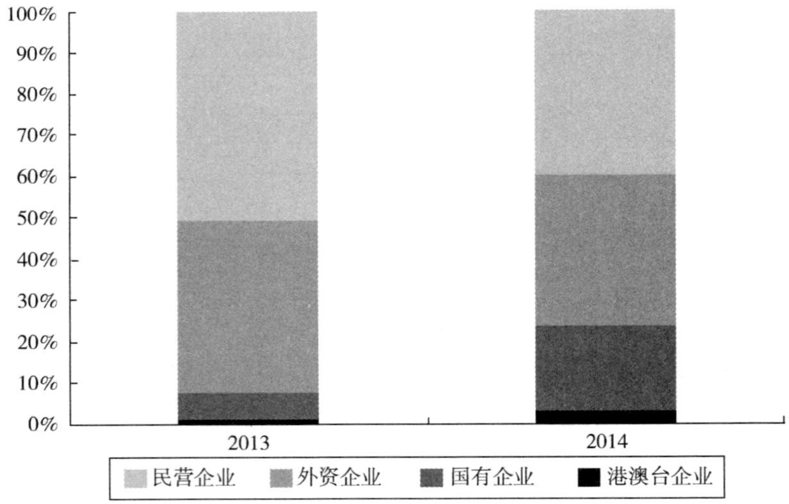

图 8－6　2013—2014 年各类企业捐赠比重变化

与 2013 年同期相比，2014 年企业捐赠中，民营企业和外资企业的捐赠比重均有所减少，国有企业和港澳台企业的捐赠比重均有所增加。

（二）捐赠主要来自华东、华北、中南地区

根据分析样本中可以查明地域来源的数据，2014 年企业捐赠以华东地区、华北地区、中南地区捐赠金额最高。西北地区、东北地区捐赠金额较低。这一情况与我国地域经济发展情况相匹配。

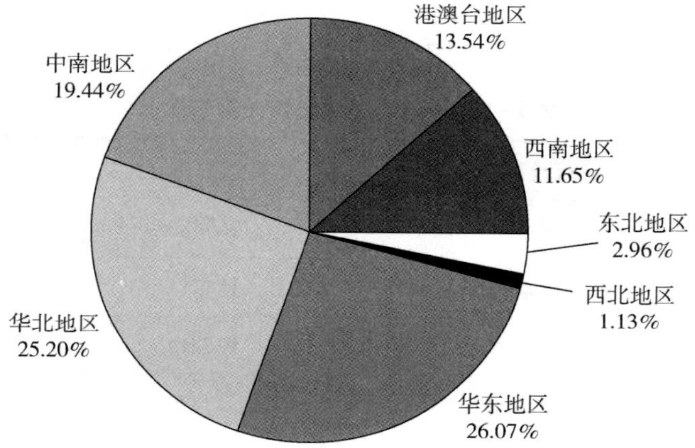

图 8－7　2014 年不同区域企业捐赠情况（%）①

根据分析样本，北京市、上海市、重庆市、江苏省、浙江省、广东省的企业捐赠笔数均超过千笔。上述 6 个省市企业捐赠积极性和活跃度均较高，6 个省市的企业捐赠笔数占到了全国笔数的近 6 成，达到 58.25%。

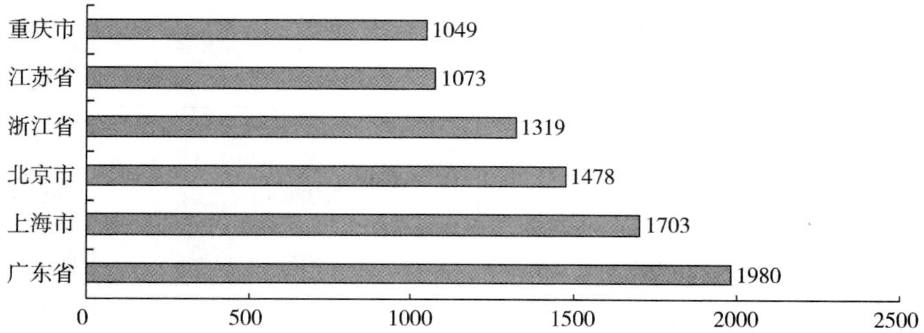

图 8－8　捐赠笔数超过千笔的省市（单位：笔）

① 此表数据未收入 1094 万元物资捐赠，未明确地域来源的数据未在图中体现。

根据分析样本，企业捐赠流出最多的 10 个省级行政区域分别为北京市、香港特别行政区、广东省、贵州省、山东省、上海市、福建省、浙江省、四川省、江苏省。其中，北京市、香港特别行政区、广东省的企业捐赠金额均超过 10 亿元。分析样本中，可明确捐赠地域的总额为 115.6 亿元，其中，北京市企业捐赠总额超过 26.9 亿元，占 23.3%；排名前 5 的省级行政区域捐赠金额共达到 71.8 亿元，占 62.1%。

表 8－2　2014 年各省份企业捐赠情况

序　号	行政区域	捐赠金额（万元）	占　比
1	北京市	269486	23.32%
2	香港特别行政区	154951	13.41%
3	广东省	147214	12.74%
4	贵州省	77473	6.70%
5	山东省	68786	5.95%
6	上海市	65614	5.68%
7	福建省	65401	5.66%
8	浙江省	63155	5.46%
9	四川省	32213	2.79%
10	江苏省	27864	2.41%
11	湖北省	22586	1.95%
12	辽宁省	21901	1.89%
13	海南省	20388	1.76%
14	重庆市	17205	1.49%
15	河南省	14370	1.24%
16	湖南省	11989	1.04%
17	吉林省	10874	0.94%
18	广西壮族自治区	8116	0.70%

续表

序　号	行政区域	捐赠金额（万元）	占　比
19	云南省	7769	0.67%
20	江西省	7656	0.66%
21	新疆维吾尔自治区	7526	0.65%
22	河北省	6669	0.58%
23	天津市	5647	0.49%
24	山西省	5333	0.46%
25	内蒙古自治区	4180	0.36%
26	安徽省	2887	0.25%
27	陕西省	2516	0.22%
28	宁夏回族自治区	2060	0.18%
29	台湾省	1598	0.14%
30	黑龙江省	1404	0.12%
31	甘肃省	939	0.08%
32	西藏自治区	28	0.002%
33	青海省	21	0.002%
34	澳门特别行政区	—	—

数据来源：中民慈善捐助信息中心年度监测数据。

（三）4月与12月出现捐赠高峰

2014年4月与12月，企业单月捐赠金额最高。总体来说，捐赠在2014年第一季度较少，在4.3亿元至6.2亿元之间浮动。进入第二季度，捐赠在4月达到全年峰值，之后单月捐赠金额仍保持在10亿元上下。进入9月，单月企业捐赠金额跌至3亿元，此后缓慢上升，至年底12月达到2014年的第二个捐赠高峰。

自2014年3月至2014年4月，企业单月捐赠金额从4.31亿元上升至30.76亿元，增长了7倍有余。此次增长最主要原因是通用汽车与其合作伙伴共同向武汉理工大学捐赠总价值4.3亿美元的设备。

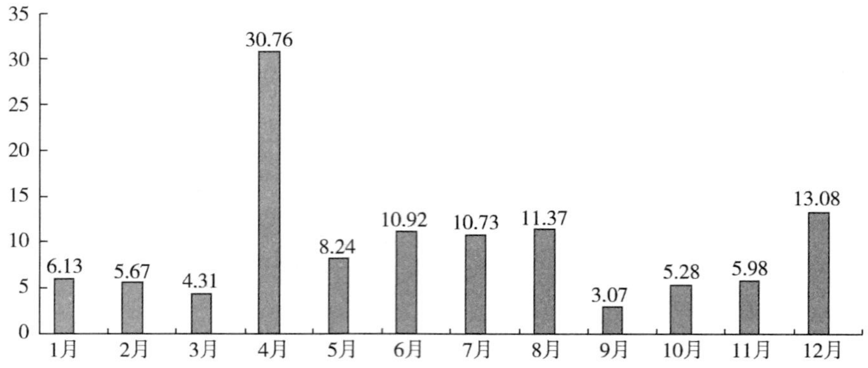

图 8－9　企业月度捐赠金额（亿元）[①]

2014 年 4 月 30 日，武汉理工大学“教育推进伙伴计划（PACE）”中心成立，通用汽车、上汽通用五菱[②]、PACE 项目合作伙伴共同向武汉理工大学捐赠超过 200 套的计算机软件以及 10 个 HP 高性能工作站，总价值 4.3 亿美元[③]。“教育推进伙伴计划”自 1999 年全球发起建立，目前全球已有 12 个国家 64 所知名高校加入了该计划。武汉理工大学是第四所加入该计划的国内高校，此次获赠的价值 4 亿多美元捐赠也是目前该计划在中国最大一笔捐赠[④]。

（四）教育领域最受企业青睐

2014 年监测数据中，约有 104.5 亿元捐赠款物明确表明了捐赠领域。根据这一分析样本可以看出，企业捐赠最关注的 3 个领域分别是教育、减灾与救灾、扶贫与发展。其中教育领域所接收的企业捐赠最多，达到 533926.4 万元，占分析样本的 51.1%，超过其他所有领域所获捐赠金额的总和。

教育领域最大一笔捐赠为通用公司、西门子、惠普、甲骨文等 17 家企业联合向武汉理工大学超过 26 亿元的物资捐赠。另外，泰国正大集团、西控产业投资有限公司、衣恋集团、阳光城（控股）集团、中国贵州茅台酒厂（集团）有限责任公司、万达集团等企业对教育领域也有较多贡献。

① 未标明时间的捐赠未纳入统计。

② 通用汽车在华合资企业。

③ 以报告写作时间 2014 年 7 月 15 日汇率（人民币 6.209 元）计，物资价值折合人民币约 26.7 亿元。

④ 《楚天都市报》，2014 年 5 月 1 日。

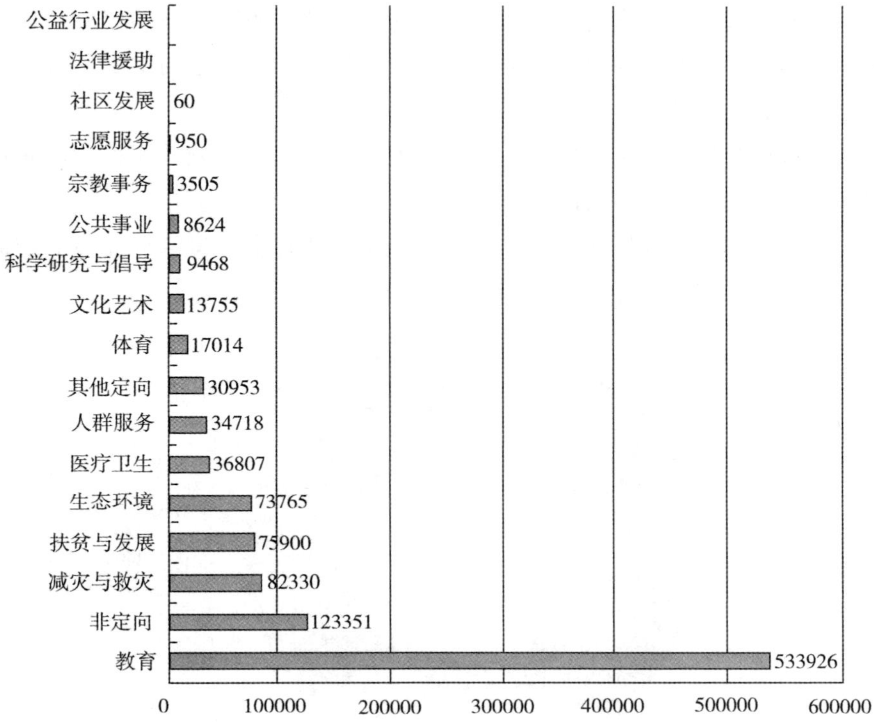

图 8－10　2014 年企业捐赠领域流向（万元）

扶贫与发展领域企业捐赠笔数仅次于教育领域，捐赠方多为大型综合型企业、国有企业等。包括碧桂园集团、桃源居实业、大连万达集团、中石油、长江集团、粤电集团在内的近 20 家企业捐赠超过千万元。

在减灾救灾领域，绝大部分捐赠用于云南鲁甸地震救援。2014 年 8 月 3 日 16：30，云南省昭通市鲁甸县发生里氏 6.5 级地震，地震造成昭通、曲靖 2 市鲁甸县、昭阳区、巧家县、永善县、会泽县 5 县（区）巨大的人员伤亡和经济损失，截至 2014 年 8 月 8 日 15 时，地震造成 617 人死亡、3143 人受伤，112 人失踪，22.97 万人紧急转移安置。地震引发大面积滑坡、崩塌、滚石以及堰塞湖等次生灾害严重，震区房屋、水利、交通、供电、通信等设施受损极为严重，部分道路因灾交通中断，公路、桥梁、客运站场、码头泊位等交通基础设施受损严重①。

① 云南省交通运输厅鲁甸“8·3”地震抗震救灾工作总结。

企业捐赠多关注灾情救援和灾后安置、重建。另外，海南省的台风灾害也获得较多捐赠，四川、重庆、贵州、广西、广东等地的洪涝灾害也受到企业的关注。

公益行业发展、法律捐助、社区发展、志愿服务等领域所接收的企业捐赠较少。其中，关注法律援助领域的企业多为律师事务所。

非定向捐赠占分析样本的 11.8%。根据分析样本，2014 年企业非定向捐赠达 123351 万元，占分析样本的 11.8%。

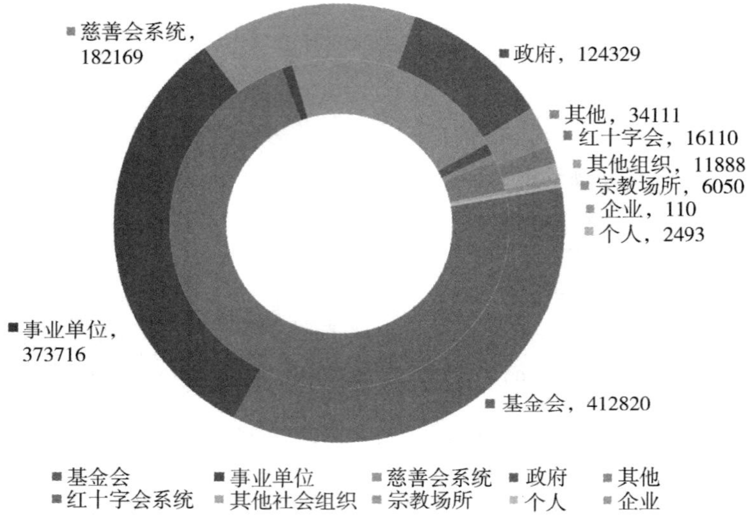

图 8-11　2014 年企业捐赠接收方（万元）

（五）基金会接收企业捐赠最多

2014 年监测数据中，约有 116.4 亿元捐赠款物明确表明了捐赠接收方。根据这一分析样本可以看出，基金会、事业单位、慈善会系统是接收企业捐赠最多的 3 类单位。其中各类基金会接收企业捐赠共计 412820 万元，占分析样本的 35.47%；其次为事业单位，共接收 373716 万元，占分析样本的 32.11%；再次为慈善会系统，接收了 182169 万元，占分析样本的 15.65%。

企业、个人、宗教场所、其他社会组织、红十字会系统所接收到的企业捐赠金额较少，均不足样本总量的 2%。

接收单笔捐赠数额最大的 20 家基金会。

表 8－3　2014 年接收企业捐赠单笔金额最高 20 家基金会

中国教育发展基金会	广东省扶贫基金会
中国青少年发展基金会	中国儿童少年基金会
中国宋庆龄基金会	中国妇女发展基金会
中国残疾人福利基金会	中国光华科技基金会
中国扶贫基金会	湖北省青少年发展基金会
深圳市见义勇为基金会	厦门大学教育发展基金会
大连市慈善基金会	浙江大学教育基金会
中国文物保护基金会	重庆市教育基金会
重庆市老年事业发展基金会	河南省青少年发展基金会
华中师范大学教育发展基金会	中南大学教育发展基金会

接收单笔捐赠数额最大的 20 家慈善会。

表 8－4　2014 年接收企业捐赠单笔金额最高 20 家慈善会

滨州市慈善总会	晋江市慈善总会
林州市慈善总会	湖北省慈善总会
昌乐县慈善总会	福州市慈善总会
大连市慈善总会	德州市慈善总会
新疆慈善总会	郑州慈善总会
潍坊市慈善总会	中华慈善总会
驻马店慈善总会	南平市慈善总会
宝鸡市慈善总会	山东省慈善总会
大同市慈善总会	宜宾市慈善总会
温州市瓯海区慈善总会	陕西省慈善总会

接收企业捐赠的事业单位主要是学校和福利院，高等学校是企业捐赠的首选。除各大高校外，中小学幼儿园特别是职业学校也是企业捐赠的热点。儿童福利院、SOS 儿童村、社会福利院、敬老院是企业捐赠的常规接收对象。另外，医院、科研机构、特教学校、康复中心、戒毒所、体育中心等也不同程度接收了企业捐赠。

政府、宗教场所、事业单位接收捐赠单笔金额远高于其他类别。根据分析样本，每家事业单位平均接收企业捐赠为 2491 万元，宗教场所接收金额仅次于事业单位，为每家 1513 万元，排名第三为各级政府，为 749 万元。红十字会系统、企业、基金会所接收的平均企业捐赠金额较低，分别为每家 35 万元、37 万元、40 万元，总体呈现出受捐笔数少、平均每笔金额低、总体接收金额低的特征。

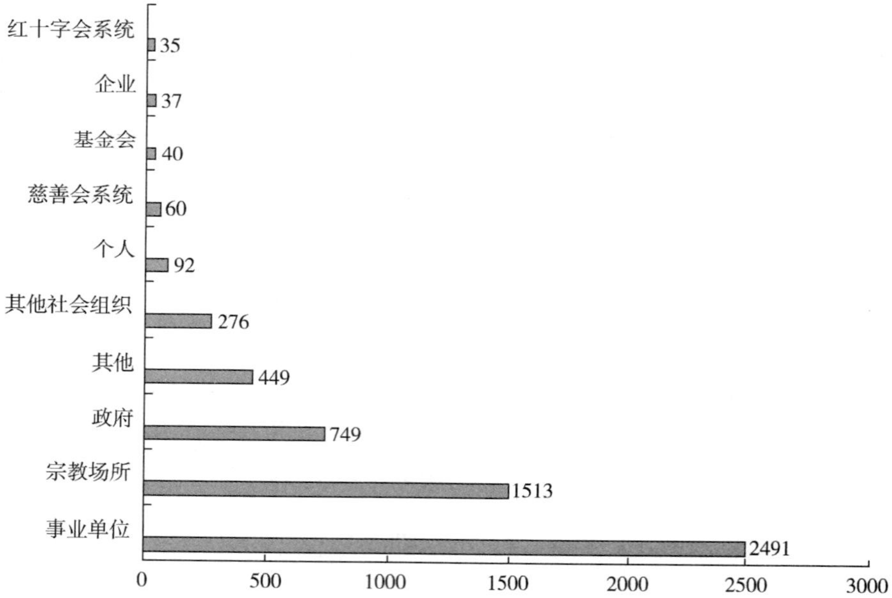

图 8－12　2014 年不同组织接收企业捐赠平均金额（万元）

（六）最主要受益人群为学生儿童

需要说明的是，受益人群有时兼具多个标签。如针对贫困残疾孤儿的助学捐赠，其受益人群兼具儿童、学生、残疾、孤儿、贫困人口等多个特征。在对分析样本中人群进行划分时，优先考虑其自然属性，如性别、年龄等，其次再考虑其健康状态、生存状态、经济状态。如捐赠受益人群包含多类人群，如同一笔捐赠用于帮助妇女、儿童、老年人、残疾人等，划分为“人群综合”。

2014 年监测数据中，约有 105.5 亿元捐赠款物明确表明了捐赠接收方。根据这一分析样本可以看出，学生儿童是企业捐赠最大的一类受益人群，其接收的企业捐赠金额高达 55.6 亿元，占分析样本的 52.7%。其次为灾民，获得 8.57 亿元的企业捐赠，占分析样本的 8.1%。

企业在对学生儿童的捐赠中，主要关注助学方面，捐赠多用作设置各类助学金、奖学金。其次关注儿童的医疗问题，多用作对患儿进行医疗救助。企业捐赠对留守儿童、孤儿、残疾儿童、儿童发展等方面亦有所关注。

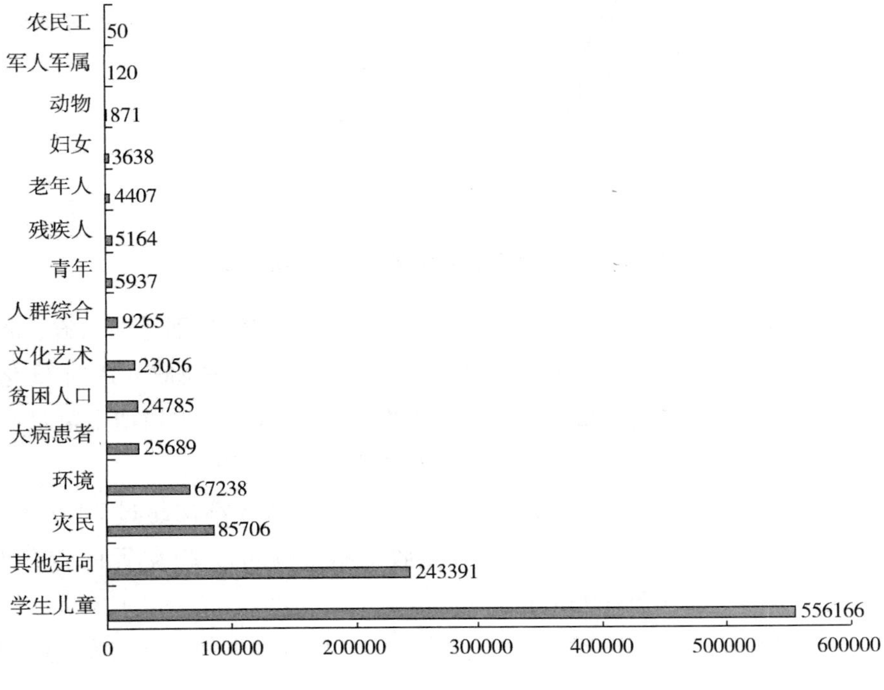

图 8-13 2014 年企业捐赠受益人群（万元）

（七）企业捐赠主要流入中南、华北地区

根据分析样本中可以查明地域来源的数据，企业捐赠主要流入中南地区、华北地区和华东地区。其中，中南地区接收企业捐赠总额[①]的四成，

① 指可查明来源的捐赠总额。

为 437629 万元；其次为华北地区，接收企业捐赠总额的 24.4%，为 264950 万元。西南地区、西北地区、东北地区、港澳台地区接收的捐赠较少，均不足总额的一成。除港澳台地区外，接收金额最少的是东北地区，接收了 2014 年企业捐赠总额的 3.1%，仅为 34017 万元。

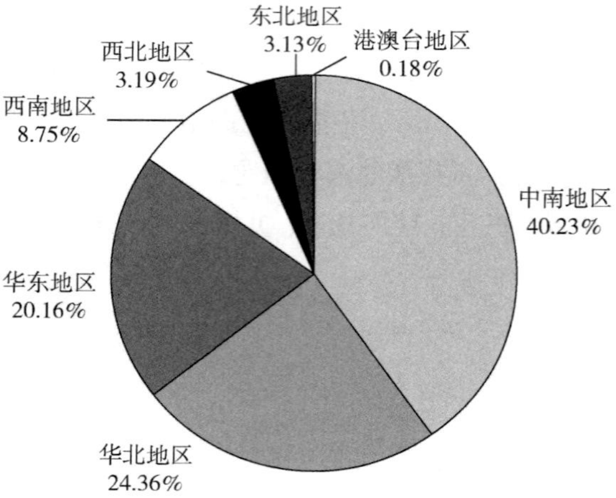

图 8－14　2014 年各省份接收企业捐赠情况

根据对样本数据的统计，捐赠收入最多的 5 个省份分别是湖北省、北京市、广东省、山东省、浙江省。排名前 5 的省份的捐赠总收入达到 73 亿元，占捐赠分析样本总量的 67%。对比 2013 年数据，接收捐赠金额最高的 5 省份共接收 307 亿元，占当年捐赠样本总量的 78.58%。

2014 年，湖北省、北京市这 2 个省份接收捐赠金额均超过 20 亿元，约占分析样本总量①的 49%。2013 年接收捐赠金额超过 20 亿元的省有 3 个，为广东省、四川省和海南省。

由于 2014 年捐赠分析样本为不完全统计，所以各省份实际接收捐赠的水平应高于报告中数据。

表 8－5　2014 年各省份接收企业捐赠

编　号	省　份	接收捐赠金额（万元）	占　比
1	湖北省	285482	26.25%

① 可以查明流入省份的捐赠数据总量。

续表

编　号	省　份	接收捐赠金额（万元）	占　比
2	北京市	247926	22.79%
3	广东省	87292	8.03%
4	山东省	56321	5.18%
5	浙江省	54402	5.00%
6	贵州省	53939	4.96%
7	福建省	46967	4.32%
8	江苏省	39958	3.67%
9	河南省	27437	2.52%
10	海南省	21623	1.99%
11	上海市	19834	1.82%
12	辽宁省	19615	1.80%
13	云南省	17020	1.56%
14	新疆维吾尔自治区	13689	1.26%
15	重庆市	13171	1.21%
16	宁夏回族自治区	10127	0.93%
17	湖南省	10047	0.92%
18	四川省	9907	0.91%
19	吉林省	9709	0.89%
20	甘肃省	7632	0.70%
21	山西省	7318	0.67%
22	广西壮族自治区	5748	0.53%
23	河北省	5116	0.47%
24	黑龙江省	4693	0.43%
25	陕西省	3165	0.29%
26	天津市	2503	0.23%

续表

编　号	省　份	接收捐赠金额（万元）	占　比
27	内蒙古自治区	2086	0.19%
28	香港特别行政区	2000	0.18%
29	西藏自治区	1116	0.10%
30	安徽省	924	0.08%
31	江西省	861	0.08%
32	青海省	118	0.01%
33	澳门特别行政区	—	—
34	台湾省	—	—

数据来源：中民慈善捐助信息中心监测数据。

四、企业大额捐赠

（一）2014 年企业捐赠百强榜

表 8－6　2014 年企业捐赠百强榜（单位：元）

企业名称	类别	地　域	金额（元）
中国石油天然气集团公司	国企	北京市	1007592700
中国民生银行股份有限公司	民企	北京市	469000000
华润集团	国企	香港特别行政区	467000000
腾讯公司	民企	广东省	331340000
大连万达集团股份有限公司	民企	北京市	320000000
长春力旺集团	民企	吉林省	310000000
碧桂园集团	民企	广东省	264543000
阳光城集团股份有限公司	民企	上海市	250000000
扬子江船厂有限公司	民企	江苏省	250000000
泰国正大集团	外企	北京市	201100000
西控产业投资有限公司	国企	四川省	200000000

续表

企业名称	类别	地　域	金额（元）
紫金矿业集团股份有限公司	企业	福建省	186000000
江苏中南建设集团股份有限公司	民企	江苏省	146000000
中国泛海控股集团	民企	北京市	140510000
中国石油化工股份有限公司	国企	北京市	139024736
中国银行股份有限公司	国企	北京市	135091442
贵州茅台酒厂集团	国企	贵州省	133303097
三星（中国）投资有限公司	外企	北京市	130000000
中国华信能源有限公司	外企	上海市	116264800
如新（中国）日用保健品有限公司	外企	广东省	107000000
三星集团	外企	北京市	102000000
中国海洋石油总公司	国企	北京市	100000000
浙江华通控股集团有限公司	民企	浙江省	100000000
沈阳广信集团	民企	辽宁省	100000000
复星国际有限公司	民企	香港特别行政区	100000000
太东集团有限公司	民企	广东省	95000000
香港新恒基国际集团	港澳台企业	香港特别行政区	94680000
广州汽车集团股份有限公司	国企	广东省	89240000
真维斯国际（香港）有限公司	民企	广东省	89220000
五矿资源有限公司	企业	香港特别行政区	88548000
山东梦金园珠宝首饰有限公司	民企	山东省	80000000
劲牌有限公司	民企	湖北省	78300000
海南航空股份有限公司	企业	海南省	77946000
中国海洋石油有限公司	国企	北京市	70322000
南京中脉科技发展有限公司	民企	江苏省	69021000
中国移动通信集团公司	国企	北京市	67246213

续表

企业名称	类别	地域	金额（元）
大众汽车（中国）投资有限公司	外企	北京市	63964400
广西梧州中恒集团股份有限公司	国企	广西壮族自治区	63214800
中文天地出版传媒股份有限公司	国企	江西省	62390867
佳兆业集团控股有限公司	港澳台企业	广东省	62000000
恒大矿泉水集团有限公司	民企	广东省	60000000
北京四海华辰科技有限公司	民企	北京市	60000000
捷豹路虎汽车有限公司	外企	上海市	58000000
中国神华能源股份有限公司	国企	北京市	57000000
雀巢（中国）有限公司	外企	北京市	55324100
福建省福瑞医疗科技有限公司	民企	福建省	53000000
新经典文化有限公司	民企	上海市	50597699
锦艺集团	港澳台企业	河南省	50000000
长江实业集团	港澳台企业	香港特别行政区	50000000
丹东港集团有限公司	国企	辽宁省	50000000
山东世纪天鸿文教科技股份有限公司	民企	山东省	50000000
奥克斯集团有限公司	民企	浙江省	50000000
恒大地产集团有限公司	民企	广东省	50000000
湖北高铁新城投资开发有限公司	民企	湖北省	50000000
苏宁云商集团股份有限公司	企业	江苏省	50000000
招商银行股份有限公司	国企	广东省	48804494
中国农业银行股份有限公司	国企	北京市	47406163
泛舟纵横图书有限公司	民企	—	47361258
汇丰银行（中国）有限公司	外企	上海市	46000000
新疆博西商贸公司	民企	新疆维吾尔自治区	45000000

续表

企业名称	类别	地　域	金额（元）
完美（中国）有限公司	民企	广东省	43299034
中国建筑股份有限公司	国企	北京市	43140000
亨通集团有限公司	民企	江苏省	42233500
新奥能源控股有限公司	民企	香港	40514700
查氏企业	港澳台企业	香港特别行政区	40000000
佛山市雅骏装饰设计工程有限公司	民企	广东省	40000000
广东腾越建筑工程有限公司	民企	广东省	40000000
世茂房地产控股有限公司	企业	香港特别行政区	38501000
安利（中国）日用品有限公司	外企	广东省	36020000
上海汽车集团股份有限公司	企业	上海市	35000000
中国人民财产保险股份有限公司	国企	北京市	33132863
武汉鑫旺投资管理有限公司	民企	湖北省	33000000
经济科学出版社	国企	北京市	32624975
阿里巴巴集团	民企	浙江省	32000000
加多宝（中国）饮料有限公司	港澳台企业	北京市	31188800
罗伯特·博世有限公司	外企	德国	31036623
北京银行股份有限公司	国企	北京市	30063815
北京菜市口百货股份有限公司	国企	北京市	30004601
厦门市开元国有资产投资有限公司	国企	福建省	30000000
中国人寿保险股份有限公司	国企	北京市	30000000
恒通建设集团	民企	江苏省	30000000
沈阳华锐置业有限公司	民企	辽宁省	30000000
大商股份有限公司	企业	辽宁省	30000000
衣念（上海）服装贸易有限公司	外企	上海市	28862440
恒安集团	民企	福建省	28660000

续表

企业名称	类别	地域	金额（元）
交通银行股份有限公司	国企	上海市	28431572
益海嘉里	外企	北京市	28100000
浙江三联环保机械设备有限公司	国企	浙江省	28000000
中信泰富有限公司	企业	香港	28000000
美的集团股份有限公司	民企	广东省	27760210
中国东方航空股份有限公司	国企	上海市	27320000
荣盛房地产发展股份有限公司	民企	山东省	25502000
桃源居实业（深圳）集团有限公司	港澳台企业	广东省	25000000
唐河华洋股份有限公司	民企	河南省	25000000
广东省粤电集团有限公司	国企	广东省	24000000
中国太平洋保险（集团）股份有限公司	民企	上海市	24000000
广汽本田汽车有限公司	外企	广东省	24000000
雅戈尔集团股份有限公司	民企	浙江省	23360000

数据来源：中民慈善捐助信息中心。

本榜单所指国企，为国有企业或国有控股企业；民企，指民营企业或非国有控股企业；未能明确区分控股方的企业在榜单中标注为“企业”。

（二）企业捐赠百强均额过亿元

根据国家统计局数据，2013 年我国共有企业法人 8208273 个。根据不完全统计的捐赠金额计，2014 年，全国企业在捐赠方面平均贡献约 2024 元。榜单中企业平均捐赠 9240 万元，这一数值远远高于企业捐赠的平均值。根据中民慈善捐助信息中心 2014 企业捐赠百强榜，捐赠金额最高的 100 家企业当中，有 25 家企业捐赠额超过 1 亿元。

捐赠过亿元的企业主要集中于北京。2013 年捐赠过亿元企业共 22 家，其中有 9 家企业在北京。2014 年捐赠过亿元的企业共 25 家，其中有 10 家在北京。

捐赠过亿元的企业中以民企为主。可以查明企业性质的数据中，民企有 11 家，占总数的 44%；国企 7 家，占总数的 28%；外企有 5 家，占总数的 20%。

表 8－7　2013—2014 年捐赠额过亿企业①（单位：万元）

2013 年	金　额	2014 年	金　额
海航集团有限公司	851040	中国石油天然气集团公司*	100759
世纪金源集团	72752.4	中国民生银行股份有限公司*	46900
大连万达集团	43811	华润集团	46700
中国石油天然气股份有限公司	35700	腾讯公司*	33134
中国民生银行	32300	大连万达集团股份有限公司*	32000
恒大集团	25937	长春力旺集团	31000
扬子江船业集团	25120	碧桂园集团*	26454
中国石油化工集团	24500	阳光城集团股份有限公司	25000
紫金矿业集团股份有限公司	23006.6	扬子江船厂有限公司*	25000
神华集团	22949.1	泰国正大集团	20110
中国泛海控股集团	18340	西控产业投资有限公司	20000
碧桂园集团	16500	紫金矿业集团股份有限公司*	18600
深圳华强集团	15909	江苏中南建设集团股份有限公司	14600
百荣投资控股集团	14000	中国泛海控股集团*	14051
贵州茅台酒厂（集团）	13563	中国石油化工股份有限公司*	13902
腾讯控股有限公司	13264	中国银行股份有限公司	13509
富士康科技集团	13192.2	贵州茅台酒厂（集团）*	13330
南京中脉科技发展有限责任公司	13031	三星（中国）投资有限公司	13000

① 带 * 符号的企业为连续 2 年出现。

续表

2013 年	金　额	2014 年	金　额
卓尔发展集团有限公司	11650	中国华信能源有限公司	11626
加多宝（中国）饮料有限公司	11175	如新（中国）日用保健品有限公司	10700
桃源居实业（深圳）集团	10100	三星集团	10200
周大福集团	10000	中国海洋石油总公司	10000
—	—	浙江华通控股集团有限公司	10000
—	—	沈阳广信集团	10000
—	—	复星国际有限公司	10000

数据来源：中民慈善捐助信息中心。

将 2014 年捐赠金额超过亿元的企业与 2013 年数据对比，可以发现，连续 2 年捐赠过亿元的企业有 10 家，分别为中石油、民生银行、腾讯公司、万达集团、碧桂园集团、扬子江船厂、紫金矿业、泛海控股、中石化、贵州茅台。另外，大部分 2013 年捐赠金额过亿元的企业在 2014 年仍然保持着捐赠行为，且金额大部分在百万元以上。企业大额捐赠显示出较强的连续性和稳定性，展现了企业承担社会责任的一个重要侧面。

（三）大额捐赠企业多为中国 500 强企业

根据榜单数据，大部分上榜企业同时在“中国企业 500 强”榜单中，这一部分企业数量为 40 家。上榜企业中有 8 个企业为世界企业 500 强或其在华子公司。另外，有 11 家企业属于全国工商联评选的“2014 中国民营企业 500 强”（及其子公司）。总体来看，企业捐赠金额与企业规模和盈利水平呈正相关。

传统捐赠仍然是企业完成社会责任的主要方式之一。据介绍，如今世界 500 强中大多数公司的在华企业社会责任已逐渐形成体系，企业社会责任已经不再单纯采用捐赠或社区活动等传统慈善行为。但就国内情况而言，传统的捐赠行为仍然是企业实现社会责任的主要方式之一。

需要说明的是，“中国企业 500 强”及“世界企业 500 强”的界定来

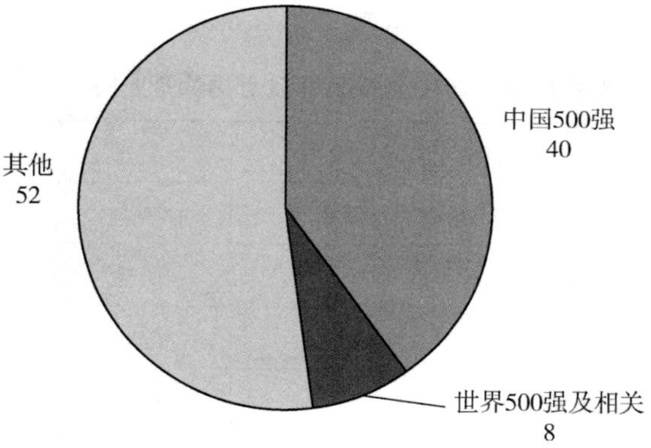

图 8－15　企业捐赠中的 500 强企业数量（个）

自《财富》中文网。“中国企业 500 强”中的企业，指在中国境内外上市的所有中国公司。所依据数据为上市公司在各证券交易所正式披露信息，500 强榜单由北京中能兴业投资咨询有限公司与《财富》（中文版）合作编制完成。

（四）民企贡献大额捐赠四成财富

根据企业捐赠百强榜，2014 年民企成为大额捐赠的主力，捐赠笔数为 43 笔，捐赠金额达 38.08 亿元，占榜单总额的 41.2%；其次为国企，捐赠笔数为 29 笔，捐赠金额为 31.31 亿元，占榜单总额的 33.9%。

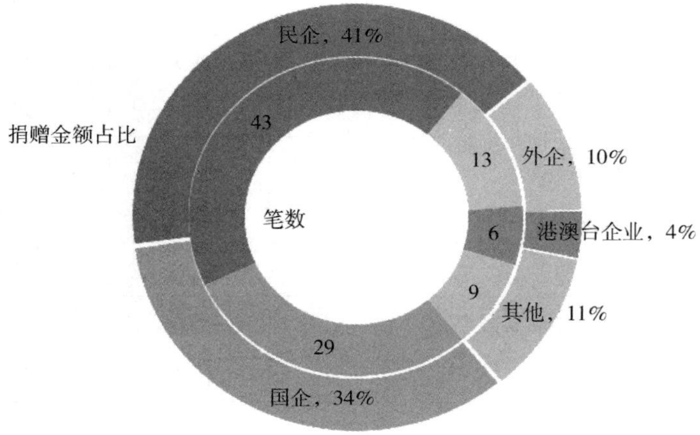

图 8－16　不同类别企业捐赠笔数与捐赠金额占比

（五）千万元以上捐赠企业榜

表 8－8　2014 年千万元以上捐赠企业榜①

企业名称	类别	捐赠金额（万元）
中国石油天然气集团公司	国企	100759
中国民生银行股份有限公司	民企	46900
华润（集团）有限公司	国企	46700
深圳市腾讯计算机系统有限公司	民企	33134
大连万达集团股份有限公司	民企	32000
力旺集团有限公司	民企	31000
碧桂园集团	民企	26454
阳光城集团投资控股（上海）有限公司	民企	25000
江苏扬子江船厂有限公司	国企	25000
泰国正大集团	外企	20110
西部发展控股四川有限公司	民企	20000
紫金矿业集团股份有限公司	国企	18600
江苏中南建设集团股份有限公司	国企	14600
中国泛海控股集团	民企	14051
中国石油化工股份有限公司	国企	13902
中国银行股份有限公司	国企	13509
贵州茅台酒厂有限责任公司	国企	13330
三星（中国）投资有限公司	外企	13000
中国华信能源有限公司	民企	11626
如新（中国）日用保健品有限公司	民企	10700
浙江华通控股集团有限公司	民企	10000

① 此表中“国企”指国有企业及国有控股企业；“民企”指民营企业及民营控股企业；“港澳台企业”指港澳台企业及港澳台合资企业；“外企”指外企及中外合资企业。

续表

企业名称	类别	捐赠金额（万元）
沈阳广信集团	民企	10000
复星国际有限公司	民企	10000
太东集团有限公司	民企	9500
香港新恒基国际集团	港澳台企业	9468
广州汽车集团股份有限公司	国企	8924
真维斯国际（香港）有限公司	民企	8922
五矿资源有限公司	国企	8855
山东梦金园珠宝首饰有限公司	民企	8000
劲牌有限公司	民企	7830
海南航空股份有限公司	民企	7795
中国海洋石油有限公司	国企	7032
南京中脉科技发展有限公司	民企	6902
中国移动通信集团公司	国企	6725
大众汽车（中国）投资有限公司	外企	6396
广西梧州中恒集团股份有限公司	国企	6321
中文天地出版传媒股份有限公司	国企	6239
深圳佳兆业集团	民企	6200
恒大矿泉水集团有限公司	民企	6000
北京四海华辰科技有限公司	民企	6000
奇瑞捷豹路虎汽车有限公司	外企	5800
中国神华能源股份有限公司	国企	5700
雀巢（中国）有限公司	外企	5532
福建省福瑞医疗科技有限公司	民企	5300
新经典文化有限公司	民企	5060
长江实业集团	港澳台企业	5000

续表

企业名称	类别	捐赠金额（万元）
苏宁云商集团股份有限公司	民企	5000
山东世纪天鸿文教科技股份有限公司	民企	5000
锦艺集团	港澳台企业	5000
湖北高铁新城投资开发有限公司	民企	5000
恒大地产集团有限公司	民企	5000
丹东港集团有限公司	国企	5000
奥克斯集团有限公司	民企	5000
招商银行股份有限公司	国企	4880
中国农业银行股份有限公司	国企	4741
汇丰银行（中国）有限公司	港澳台企业	4600
新疆博西商贸有限公司	民企	4500
完美（中国）有限公司	外企	4330
中国建筑股份有限公司	国企	4314
亨通集团有限公司	民企	4223
新奥能源控股有限公司	民企	4051
广东腾越建筑工程有限公司	民企	4000
佛山市顺德区雅骏装饰设计工程有限公司	民企	4000
查氏企业	港澳台企业	4000
世茂房地产控股有限公司	港澳台企业	3850
安利（中国）日用品有限公司	外企	3602
上海汽车集团股份有限公司	国企	3500
中国人民财产保险股份有限公司	国企	3313
武汉鑫旺投资管理有限公司	民企	3300
经济科学出版社	国企	3262
阿里巴巴集团	民企	3200

续表

企业名称	类别	捐赠金额（万元）
加多宝（中国）饮料有限公司	外企	3119
博世（中国）投资有限公司	外企	3104
北京银行股份有限公司	国企	3006
北京菜市口百货股份有限公司	国企	3000
中国人寿保险股份有限公司	国企	3000
沈阳华锐置业有限公司	民企	3000
厦门市开元国有资产投资有限公司	国企	3000
恒通建设集团有限公司	民企	3000
大商股份有限公司	民企	3000
衣念（上海）时装贸易有限公司	外企	2886
恒安（中国）纸业有限公司	港澳台企业	2866
交通银行股份有限公司	国企	2843
益海嘉里（北京）贸易有限公司	港澳台企业	2810
中信泰富有限公司	港澳台企业	2800
浙江三联环保机械设备有限公司	民企	2800
美的集团股份有限公司	民企	2776
中国东方航空股份有限公司	国企	2732
荣盛房地产发展股份有限公司	民企	2550
桃源居实业（深圳）集团有限公司	港澳台企业	2500
唐河华洋股份有限公司	民企	2500
中国太平洋保险（集团）股份有限公司	民企	2400
广汽本田汽车有限公司	外企	2400
广东省粤电集团有限公司	国企	2400
雅戈尔集团股份有限公司	民企	2336
永辉超市股份有限公司	民企	2321

续表

企 业 名 称	类别	捐赠金额（万元）
重庆尊享实业（集团）有限公司	民企	2296
中国电力建设股份有限公司	国企	2243
内蒙古伊泰煤炭股份有限公司	民企	2240
广州市长江集团有限公司	民企	2208
东风汽车股份有限公司	国企	2200
上海浦东发展银行股份有限公司	国企	2190
太阳雨集团有限公司	民企	2112
宜宾五粮液股份有限公司	国企	2109
乐山市商业银行股份有限公司	国企	2102
贵州省农村信用社联合社	国企	2100
华夏银行股份有限公司	国企	2062
中国工商银行股份有限公司总行营业部	国企	2033
广州市时代地产集团有限公司	港澳台企业	2017
深圳市玉龙宫实业发展有限公司	民企	2002
永锋集团有限公司	民企	2000
武汉新居城房地产开发有限公司	民企	2000
深圳市鹏瑞地产开发有限公司	民企	2000
山西兴凯安邦集团	民企	2000
山东长河豪门集团	民企	2000
山东天地缘集团公司	民企	2000
宁波方太厨具有限公司	民企	2000
里卡多科技咨询（上海）有限公司	外企	2000
河南省永和置业有限公司	民企	2000
海南省农村信用社联合社	国企	2000
成都尚古轩文化传播有限责任公司	民企	2000

续表

企业名称	类别	捐赠金额（万元）
常州豪泰置业有限公司	民企	2000
鞍山中奥投资有限公司	民企	2000
广西金旺角集团	民企	1880
百度股份有限公司	民企	1880
浙江龙盛集团股份有限公司	民企	1876
中国铁道出版社	国企	1863
郑州银行股份有限公司	国企	1850
百事（中国）有限公司	外企	1835
江苏中南建设集团股份有限公司	国企	1823
南宁荣顾房地产开发有限责任公司	民企	1800
郑州宇通客车股份有限公司	民企	1789
百胜餐饮集团中国	外企	1728
TCL 集团股份有限公司	民企	1727
申洲国际集团控股有限公司	民企	1695
天士力制药集团股份有限公司	民企	1683
陕西步长制药有限公司	民企	1682
星河湾集团	民企	1627
郑州日产汽车有限公司	国企	1605
陕西亿杰控股集团	民企	1600
中国联合网络通信股份有限公司	国企	1594
南京大学出版社有限公司	国企	1576
云南驰宏锌锗股份有限公司	国企	1546
广州富力地产股份有限公司	民企	1535
特变电工股份有限公司	民企	1517
保利协鑫能源控股有限公司	民企	1505

续表

企 业 名 称	类别	捐赠金额（万元）
中国长江三峡集团公司	国企	1500
宜华企业（集团）有限公司	民企	1500
旭日慈善基金有限公司	民企	1500
深圳市爱学宝科技有限公司	民企	1500
联泰国际集团有限公司	港澳台企业	1500
海宁富盛房地产有限公司	民企	1500
大连银行股份有限公司	国企	1500
中国春秋集团	民企	1500
宝塔石化集团有限公司	民企	1500
福信集团	民企	1450
内蒙古蒙牛乳业（集团）股份有限公司	外企	1420
华东医药股份有限公司	国企	1406
沃尔玛（中国）投资有限公司	外企	1401
中国平安保险（集团）股份有限公司	民企	1400
武汉当代科技产业集团股份有限公司	民企	1400
中联重科股份有限公司	国企	1369
平安银行股份有限公司	民企	1366
宏胜饮料集团有限公司	外企	1354
山东登海先锋种业有限公司	外企	1340
万泽实业股份有限公司	民企	1300
康美药业股份有限公司	民企	1287
九州通医药集团股份有限公司	外企	1240
衣恋集团	外企	1238
华南国际工业原料城（深圳）有限公司	港澳台企业	1206
中国南方电网有限责任公司	国企	1203

续表

企业名称	类别	捐赠金额（万元）
云南省农村信用社联合社	国企	1200
通鼎集团有限公司	民企	1200
南京江宁万达广场有限公司	民企	1200
江苏天昊集团公司	民企	1200
广东省交通集团有限公司	国企	1200
凤凰网	港澳台企业	1192
江苏洋河酒厂股份有限公司	国企	1177
波司登控股集团有限公司	民企	1169
广州东企房地产开发有限公司	外企	1120
中国交通建设股份有限公司	国企	1113
三棵树涂料股份有限公司	民企	1105
日照钢铁控股集团有限公司	国企	1087
星巴克咖啡	外企	1084
中国铝业股份有限公司	国企	1076
开封亚教软件科技有限公司	民企	1058
华润创业有限公司	国企	1040
宝山钢铁股份有限公司	国企	1032
上海香溢房地产有限公司	民企	1030
广州白云山医药集团股份有限公司	国企	1027
海通证券股份有限公司	国企	1011
亿滋食品企业管理（上海）有限公司	外企	1010
上海万千投资开发有限公司	民企	1006
中国农业大学出版社	国企	1002
中粮地产（集团）股份有限公司	国企	1000
郑州祝福房地产开发有限公司	民企	1000

续表

企 业 名 称	类别	捐赠金额（万元）
浙江益龙实业集团有限公司	民企	1000
浙江新湖集团股份有限公司	民企	1000
长治市腾达房地产开发有限公司	民企	1000
云南祥鹏航空有限责任公司	民企	1000
雅居乐地产控股有限公司	民企	1000
邢台胜记仓物流有限公司	民企	1000
新加坡长远投资有限公司	外企	1000
新华联控股有限公司	民企	1000
香港英皇集团	港澳台企业	1000
温州银行股份有限公司	国企	1000
天津天一建设集团有限公司	民企	1000
天津塑力线缆集团有限公司	民企	1000
上海盐商集团有限公司	民企	1000
上海世茂建设有限公司	港澳台企业	1000
上海泉商投资股份有限公司	民企	1000
上海绿地龙翔置业有限公司	国企	1000
山西西建集团有限公司	民企	1000
山西鼎腾房地产开发有限公司	民企	1000
山东鸿兴源食品有限公司	民企	1000
山东广电网络有限公司	国企	1000
厦门银鹭食品集团有限公司	外企	1000
森马集团有限公司	民企	1000
美国苹果公司	外企	1000
宁波市华宝塑胶模具股份有限公司	民企	1000
内蒙古伊泰集团有限公司	民企	1000

续表

企 业 名 称	类别	捐赠金额（万元）
纳爱斯集团有限公司	民企	1000
金光纸业（中国）投资有限公司	港澳台企业	1000
焦作市金德利房地产开发有限公司	民企	1000
江苏瑞华投资控股集团有限公司	民企	1000
华峰集团有限公司	民企	1000
湖北宇济房地产开发股份有限公司	民企	1000
海南天泓基金实业有限公司	民企	1000
国网浙江省电力公司丽水供电公司（丽水电力局）	国企	1000
广西喷施宝股份有限公司	民企	1000
富士康科技集团	港澳台企业	1000
福建世茂置业有限公司	港澳台企业	1000
福建省圣农实业有限公司	民企	1000
德州华达实业有限公司	民企	1000
儋州恒大滨海投资有限公司	民企	1000
大同市华林有限责任公司	民企	1000
大连软件园发展有限公司	民企	1000
成中投资集团股份有限公司	民企	1000
成都置信实业（集团）有限公司	民企	1000
潮州市恒大置业有限公司	民企	1000
贝因美婴童食品股份有限公司	民企	1000
北京大北农科技集团股份有限公司	民企	1000
邦盛集团	民企	1000
爱尔眼科医院集团股份有限公司	民企	1000

第九章　主要行业企业捐赠报告

企业是我国慈善捐赠的主力军，而不同行业的企业因其行业属性、经营范围不同，慈善行为与捐赠特点各不相同。2014 年，制造业、房地产业、采矿业、金融业 4 个行业企业捐赠量占到企业捐赠总量的近七成，制造业企业和房地产企业捐赠量均超过 30 亿元，成为 2014 年慈善捐赠最多的两类行业。采矿业是企业捐赠均额最高的行业，样本中每家企业平均捐赠 5835 万元。食品饮料制造企业、汽车制造企业、医药制造企业三大类型企业直接面向广大消费者，履行企业社会责任的需求迫切，故捐赠量较高，占制造业企业捐赠总量的 35.74%。

本章分析依托 2014 年企业捐赠样本，收录 2014 年中国境内企业（含境内外资企业）向中国境内捐赠数据共计 14841 条，总量约为 166.02 亿元，时间为 2014 年 1 月 1 日至 2014 年 12 月 31 日。

2014 年全年捐赠总量超过 10 亿元的行业有制造业、房地产业、采矿业、金融业 4 个行业，其中制造业和房地产业是捐赠量最大的两个行业，规模均超过 30 亿元。

从企业平均捐赠量来看，样本中采矿业企业平均捐赠量最高，达到了 5835 万元，房地产业、金融业、农林牧渔业、信息传输、软件和信息技术服务业 5 个行业的每类企业平均捐赠超过 1000 万元。

表 9－1　2014 年各行业捐赠最多的企业

企　业	捐赠金额（万元）	所属行业
中石油	100759	采矿业
民生银行	46900	金融业

续表

企　业	捐赠金额（万元）	所 属 行 业
华润集团	46700	综合类
腾讯	33134	信息传输、软件和信息技术服务业
大连万达集团	32000	房地产业
江苏扬子江船厂有限公司	25000	制造业
泰国正大集团	20110	农林牧渔业
真维斯	8922	批发和零售业
海南航空	7795	交通运输、仓储和邮政业
中文天地出版传媒	6239	文化、体育和娱乐业
中国建筑	4314	建筑业
新奥集团	4051	电力热力燃气及水生产和供应业

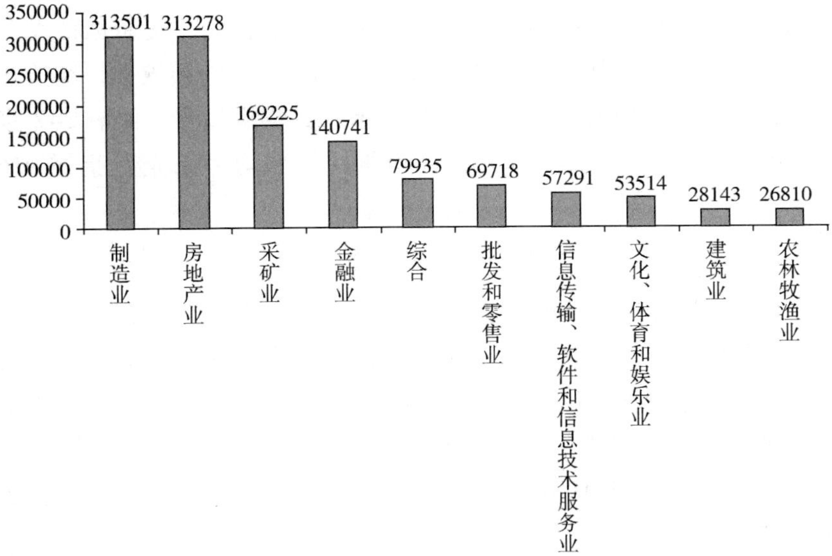

图 9－1　2014 年各行业企业捐赠比较（万元）

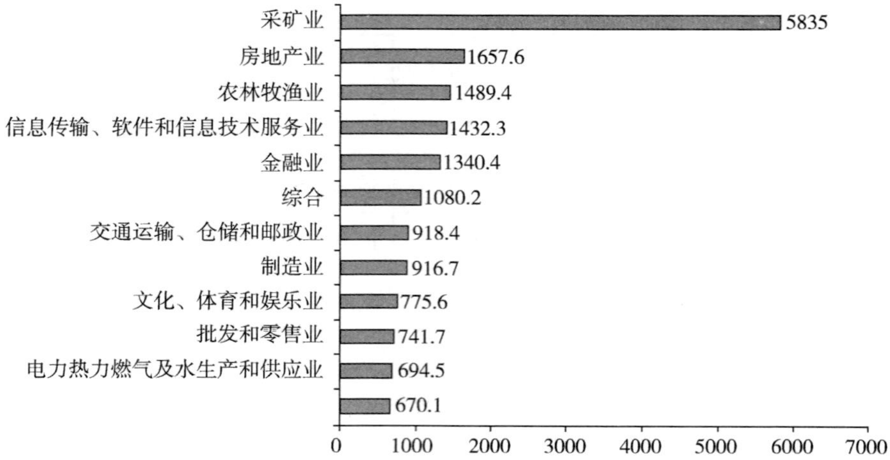

图 9－2　2014 年各行业企业捐赠均额比较（万元）

一、制造业企业捐赠量最多

制造业在国民经济行业分类中是最大的类别，共包括食品制造业、饮料制造业、纺织业、医药制造业、通用设备制造业、交通运输设备制造业、电器企业及器材制造业等 30 个子类别。在经济领域中，制造业企业数量最多，企业捐赠榜单中，制造业企业数量也最多，共有 342 家企业，捐赠总额达到 313501 万元，位列第一，平均每家企业捐赠 916.7 万元。①

（一）食品、饮料制造企业捐赠情况

食品、饮料行业是面向消费者的行业，其企业形象、产品声誉对于公司绩效有重大影响，因此食品、饮料类企业往往更重视其社会责任的履行，所以是制造业企业中捐赠量较大的子行业。2014 年企业捐赠样本中共有 35 家食品、饮料制造企业上榜，共捐赠 58941 万元。其中，民企捐赠 19922 万元，国企捐赠 19010 万元，外企捐赠 16089 万元，港澳台企业捐赠 3920 万元。

食品、饮料制造业的国企捐赠主要依靠酒类企业，酒类企业捐赠 17410

① 本章所有数据基于企业捐赠样本，后文中不另作说明。

万元，占比91.6%。民企捐赠中，酒类企业捐赠量也超过了1亿元，占民企捐赠的51.9%。酒类企业占全部食品、饮料行业企业捐赠的47.5%。

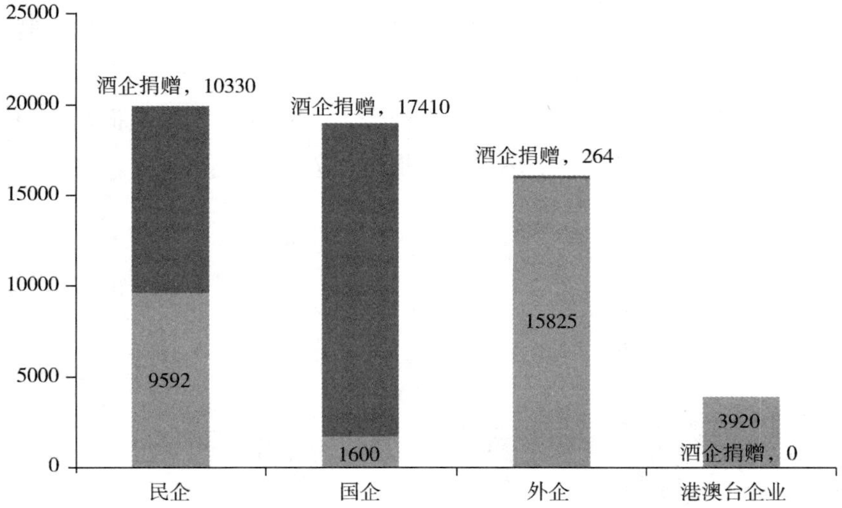

图9－3　食品饮料企业捐赠情况（万元）

表9－2　2014年食品饮料行业企业捐赠TOP10①

企业名称	类别	总部属地	金额（万元）
中国贵州茅台酒厂（集团）有限责任公司	国企	贵州省	13330
劲牌有限公司	民企	湖北省	7830
恒大矿泉水集团有限公司	民企	广东省	6000
雀巢（中国）有限公司	外企	北京市	5532
加多宝（中国）饮料有限公司	外企	北京市	3119
益海嘉里（北京）贸易有限公司	港澳台企业	北京市	2810
宜宾五粮液股份有限公司	国企	四川省	2109
山东天地缘集团公司	民企	山东省	2000
百事（中国）有限公司	外企	广东省	1835
内蒙古蒙牛乳业（集团）股份有限公司	外企	内蒙古自治区	1420

① 此表中“国企”指国有企业及国有控股企业；“民企”指民营企业及民营控股企业；“港澳台企业”指港澳台企业及港澳台合资企业；“外企”指外企及中外合资企业。

（二）汽车制造企业捐赠情况

汽车制造企业也是每年捐赠量较大的制造业子行业之一，汽车品牌与企业形象息息相关，一个富有爱心、良好履责的汽车企业更容易博得消费者的好感，从而带动汽车销售。2014年，汽车制造企业共有25家企业上榜，捐赠金额36581万元，其中国企捐赠18879万元，民企捐赠8840万元，外企捐赠8652万元，港澳台企业捐赠387万元。

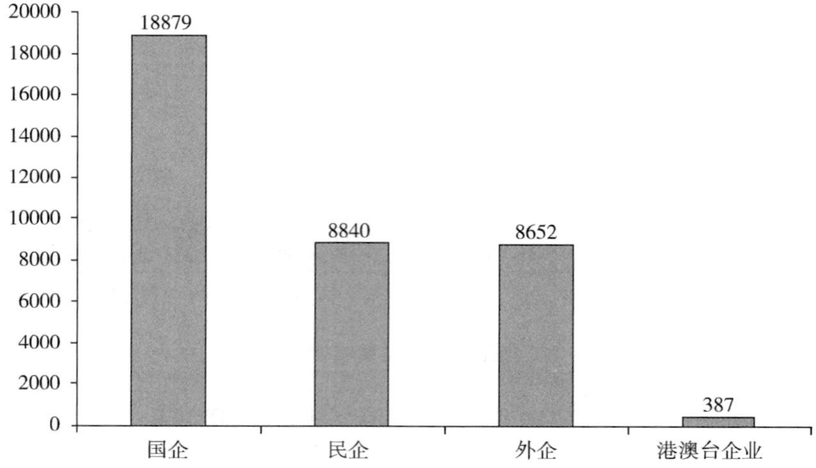

图9－4　汽车制造企业捐赠情况（万元）

表9－3　2014年汽车制造企业捐赠TOP10

企业名称	类别	总部属地	金额（万元）
广州汽车集团股份有限公司	国企	广东省	8924
大众汽车（中国）投资有限公司	外企	北京市	6396
奇瑞捷豹路虎汽车有限公司	外企	上海市	5800
上海汽车集团股份有限公司	国企	上海市	3500
东风汽车股份有限公司	国企	湖北省	2200
郑州宇通客车股份有限公司	民企	河南省	1789
郑州日产汽车有限公司	国企	河南省	1605
长城汽车股份有限公司	民企	河北省	901
北汽福田汽车股份有限公司	国企	北京市	776
梅赛德斯－奔驰（中国）汽车销售有限公司	外企	北京市	718

（三）医药制造业捐赠情况

医药类企业捐赠是企业捐赠的重要来源，医药类企业不仅捐赠资金用于慈善事业，还在救灾、扶贫、助困等方面捐赠大量的药品和医疗器械。2014 年，中民慈善捐助信息中心共监测到 37 家医药制造企业参与捐赠，共捐赠 16538 万元，其中民企捐赠最多，为 8476 万元；其次是国企，捐赠 6284 万元；外企捐赠 1678 万元，港澳台企业捐赠 100 万元。

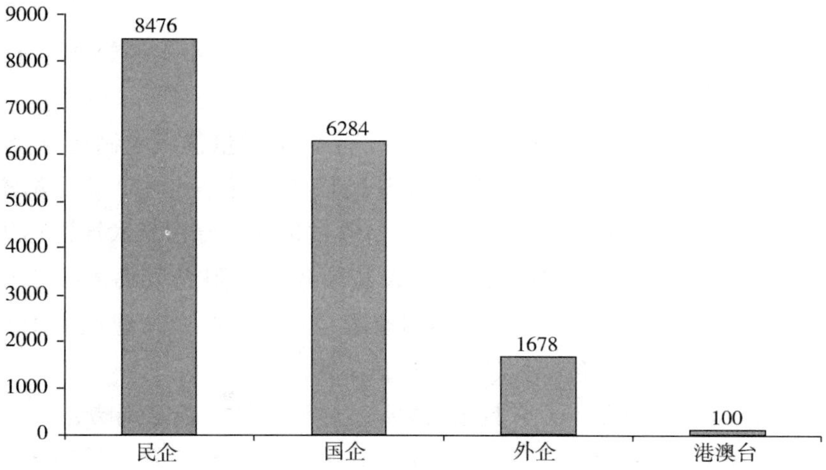

图 9－5　医药制造企业捐赠情况（万元）

表 9－4　2014 年医药制造企业捐赠 TOP10①

企业名称	类别	总部属地	金额（万元）
天士力制药集团股份有限公司	民企	天津市	1683
陕西步长制药有限公司	民企	陕西省	1682
华东医药股份有限公司	国企	浙江省	1406
康美药业股份有限公司	民企	广东省	1287
拜耳医药保健有限公司	外企	不详	1100
广州白云山医药集团股份有限公司	国企	广东省	1027
云南白药集团股份有限公司	国企	云南省	951

① 此表中“国企”指国有企业及国有控股企业；“民企”指民营企业及民营控股企业；“港澳台企业”指港澳台企业及港澳台合资企业；“外企”指外企及中外合资企业。

续表

企业名称	类别	总部属地	金额（万元）
上海医药集团股份有限公司	国企	上海市	700
浙江海正药业股份有限公司	民企	浙江省	577
宁波医药股份有限公司	国企	浙江省	500

二、房地产企业捐赠情况

根据本章样本数据，2014 年，房地产企业捐赠量仅次于制造业企业，共捐赠 313278 万元，平均每家企业捐赠 1657.6 万元。房地产业是捐赠超过亿元企业最多的行业，共有 8 家企业捐赠过亿元，分别是大连万达集团股份有限公司、力旺集团有限公司、碧桂园集团、阳光城集团投资控股（上海）有限公司、西部发展控股四川有限公司、江苏中南建设集团股份有限公司、中国泛海控股集团、沈阳广信集团。

房地产企业捐赠量大，并且主要以民企捐赠为主，民企捐赠超过 23 亿元，占房地产企业捐赠总额的 73.5%；其次是港澳台企业，捐赠 5.4 亿元，占比 17.3%。

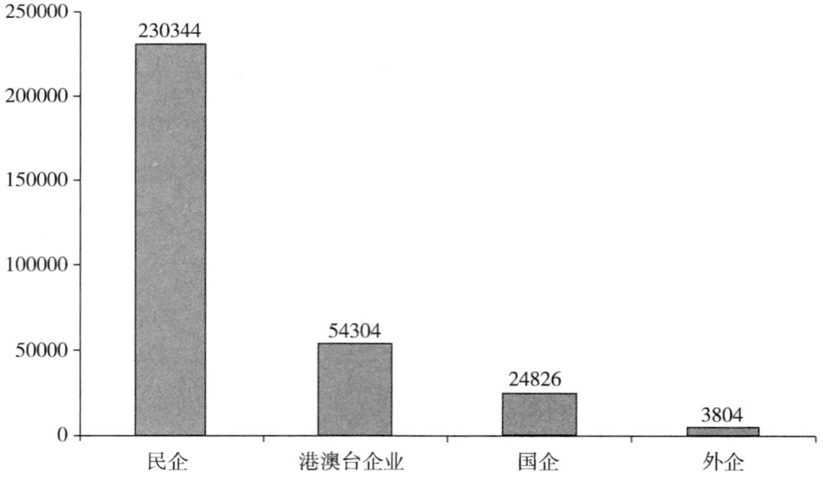

图 9－6　房地产企业捐赠情况（万元）

表 9-5　2014 年房地产企业捐赠 TOP10

企业名称	类别	总部属地	金额（万元）
大连万达集团股份有限公司	民企	北京市	32000
力旺集团有限公司	民企	吉林省	31000
碧桂园集团	港澳台企业	广东省	26454.3
阳光城集团投资控股（上海）有限公司	民企	上海市	25000
西部发展控股四川有限公司	民企	四川省	20000
江苏中南建设集团股份有限公司	国企	江苏省	14600
中国泛海控股集团	民企	北京市	14051
沈阳广信集团	民企	辽宁省	10000
太东集团有限公司	民企	广东省	9500
香港新恒基国际集团	港澳台企业	香港特别行政区	9468

三、采矿企业捐赠额度大

本行业包括 7 大类：煤炭开采和洗选业、石油和天然气开采业、黑色金属矿采选业、有色金属矿采选业、非金属矿采选业、开采辅助活动和其他采矿业。2014 年，采矿业企业共捐赠 169225 万元，平均每家企业捐赠 5835 万元，是企业平均捐赠额度最高的行业。

样本数据中共有采矿业企业 29 家，其中 22 家为国企，捐赠 164275 万元，占比 97%，平均每家企业捐赠 7467 万元。民企有 7 家，平均每家捐赠 707 万元。能源类矿产是采矿业中的重要类别，能源是工业发展的血液，是国民经济快速发展的重要保障，尤其石油、天然气、煤炭等是国家历来强调保障供应的重要资源。因此，采矿业多为国家垄断型企业，如中国石油天然气集团公司、中国石油化工股份有限公司、紫金矿业集团股份有限公司等大型国企、央企、地方性国企。在行业性质上，采矿业属于成熟型行业，收益比较稳定，行业寡头垄断性强，竞争者少，定价性较强。从企业社会责任来看，采矿业属于高污染、高耗能、高风险的行业，ESG（环境、社会、公司治理）问题频发，企业亟须通过公益慈善树立正面形象。所以，采矿业企业呈现出捐赠额度大、捐赠持续性好、捐赠行为稳定、覆盖领域广等特点。

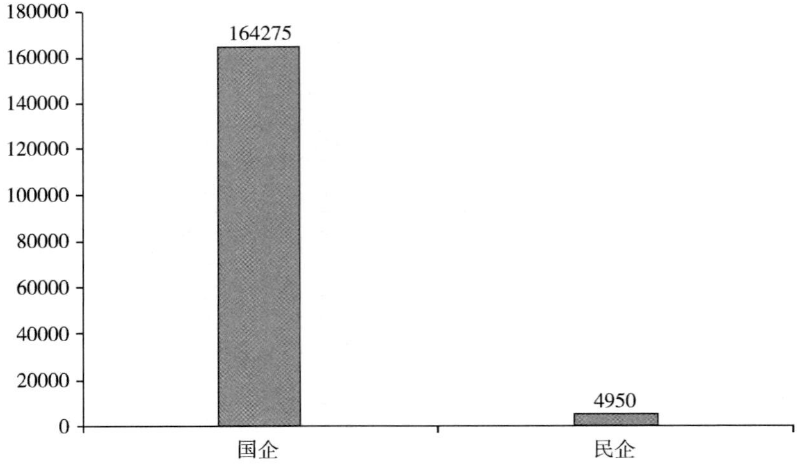

图 9－7　采矿业企业捐赠情况（万元）

表 9－6　2014 年采矿业企业捐赠 TOP10

企 业 名 称	企业性质	总部属地	金额（万元）
中国石油天然气集团公司	国企	北京市	100759
紫金矿业集团股份有限公司	国企	福建省	18600
中国石油化工股份有限公司	国企	北京市	13902
中国五矿集团公司	国企	北京市	11650
中国海洋石油有限公司	国企	北京市	7032
中国神华能源股份有限公司	国企	北京市	5700
内蒙古伊泰煤炭股份有限公司	民企	内蒙古自治区	2240
陕西亿杰控股集团	民企	陕西省	1600
云南驰宏锌锗股份有限公司	国企	云南省	1546
中国铝业股份有限公司	国企	北京市	1076

四、金融业企业捐赠情况

2014 年，根据捐赠样本数据，共有 105 家金融保险业企业进行了捐赠，共捐赠 140741 万元，平均每家企业捐赠 1340.4 万元。

金融保险企业每年都是我国慈善捐赠的主力军，金融保险业企业普遍规模大、利润高并且注重企业形象，因此捐赠额度较高。2014 年度净利润排名前十的上市公司分别是工商银行、建设银行、农业银行、中国银行、中国石油、交通银行、招商银行、中国石化、中国平安、兴业银行。其中金融行业上市企业占了 8 家，回顾近几年来的年报数据，除中国联通、中国远洋等一些公司偶尔上榜外，A 股前十大“最赚钱公司”几乎被金融保险业和采矿业的上市公司垄断。另外，金融行业属于面向广大公众的行业，曝光率较高，需要树立正面的企业形象，因此企业更加注重参与公益慈善行业。

金融保险业企业中，国企捐赠量占比 51%，民企占比 43.6%，外企和港澳台金融类企业在大陆较少，因此捐赠量也较少。

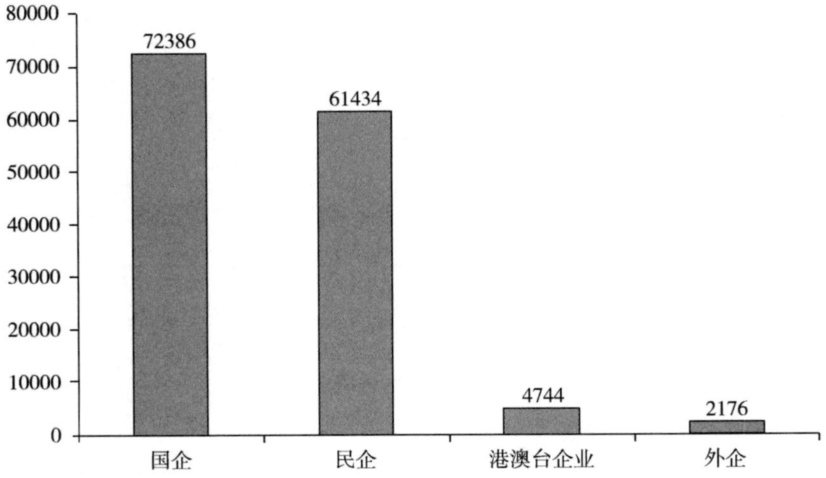

图 9－8　金融业企业捐赠情况（万元）

表 9－7　2014 年金融企业捐赠 TOP10

企 业 名 称	类别	总部属地	金额（万元）
中国民生银行股份有限公司	民企	北京市	46900
中国银行股份有限公司	国企	北京市	13509
招商银行股份有限公司	国企	广东省	4880
中国农业银行股份有限公司	国企	北京市	4741
汇丰银行（中国）有限公司	港澳台企业	上海市	4600
中国人民财产保险股份有限公司	国企	北京市	3313
北京银行股份有限公司	国企	北京市	3006
中国人寿保险股份有限公司	国企	北京市	3000
厦门市开元国有资产投资有限公司	国企	福建省	3000
交通银行股份有限公司	国企	上海市	2843

第十章　善商时代的到来

追求利润最大化是资本与生俱来的冲动，而这种冲动对地球、社会造成了巨大的伤害，威胁人类文明的延续和发展，给人类带来巨大的挑战。面对层出不穷的社会问题和环境问题，一些有识之士已经开始行动起来，他们给资本注入善良的基因，将社会问题的解决和人类福祉的提升作为商业不断发展的前提。无论是向社会捐赠的传统的营利企业，协调商业经济利润和社会效益双重目标的企业，还是通过商业化运营获取利润支持社会使命的非营利组织。一种更富同情心、更遵循道德准则的慈善资本主义的潮流正在出现，并引起商业的革命，这种商业模式最终会颠覆传统的商业思维，引领科技与未来，延续人类文明。

一、传统的商业模式无法为继

过去几十年来，世界正经历着前所未有的经济增长。资本主义对剩余价值无止境的追求，造成了资源的消耗浪费和环境污染，贫富差距日益扩大，人类的生存环境面临重大危机。哈佛大学商学院经济学家迈克尔·波特认为，资本主义体系正陷入僵局。商业被视为造成社会、环境和经济问题的祸首。

日本大学国际关系学部教授水野和夫在其著作《资本主义的终结和历史危机》中这样说道，资本主义靠掠夺和榨取“周围”获利，高效地刺激经济成长；但从全球来看，这个“周围”现在也仅剩下非洲了。公司获得的繁荣被视为是以广泛的社会利益受损为代价。资本主义前所未有地提升了效率，创造出就业，带来财富，但其狭隘的观念阻碍了企业满足更广阔社会需要的潜力。仅仅追求泡沫中的最佳短期利益，而不顾攸关企业生死的社会影响，最终将妨害企业的长远成功。

将可再生能源、互联网通信技术、智能的物流配送体系相结合而促成第三次工业革命，最终会让我们的商业模式和社会模式发生翻天覆地的变化。“企业必须将商业和社会重新整合到一起。”迈克尔·波特教授认为企业必须被重新定位为创造共享价值，而不是利润本身。企业要寻找更好更新的方式来开发产品、服务市场，应对社会挑战，在满足社会需求的过程中，创造出巨大的经济价值。我们把这种具有社会使命感的企业和企业家叫“善商”。他们不再以牺牲人类或环境为代价换取企业利润，用创新的商业模式，促进人们生活的改善，让地球变得更加美好。

正如维珍集团的创始人理查德·布兰森所说：“行善不是捐钱，而是要把它设计在你的商业模式里，商业最初的本质是为人类制造福祉。”在西方，随着更多企业开始承担起创造共享价值的重任，一种更富同情心、更遵循道德准则的慈善资本主义的潮流正在出现并引起商业的革命，这种商业模式最终会颠覆传统的商业思维，引领科技与未来，延续人类文明。

二、善商思想的来源与延伸

（一）“义利兼顾”的中华商道文化

中国传统的商道文化以儒家思想为依托，讲究义利之辨。从本质上来讲，儒商有一种“利他”的精神，将“己所不欲，勿施于人”作为最基本的考量，讲诚信，重道义，设身处地为别人着想。儒商精神强调义利兼顾，反对为富不仁，有超功利的最终目标和对社会发展的崇高责任感。

儒家主要经典《论语》中的许多论述，如“不义而富且贵，于我如浮云”、“以义取利、以利行义”、“不以其道得之，谓不当得而得之”等等，强调的都是义利合一，即商人的利益不能置于社会整体利益之上。在孔子看来，追求私利是人的一种普遍欲望，是不应否定的；但一个人在追求私利的同时，还要考虑一下他的这一行为是否有损于社会的公利和道德，即要“义然后取利”，处理好公众利益和个人利益的关系，不以获利为唯一目的和终极目的，这也正是我国传统商业伦理的精髓。儒家思想讲究的“君子爱财，取之有道”、“过犹不及”、“中庸之道”，同样强调在商业行为中自然地坚持“不苟取”，不牟取暴利，不搞掠夺式的经营，注重商业生态，讲究商人之间、商人和顾客之间的协调发展。

成德建业，服务社会，是儒家所追求的理想目标。孔子在《大学》中强调儒者要“修身、齐家、治国、平天下”，儒商以此作为立身处世的座右铭，以富民强国、安定社会为己任，怀有救世济民的远大抱负和忧患意识，追求“达则兼济天下”，真诚服务大众，不忘回报社会，在经商过程中实现自己的人生价值。

春秋战国时期的范蠡是中国历史上儒商的鼻祖。他恪守道德规范，很好地处理了义利关系，在经营中从不去追求暴利，而仅“逐什一之利”，薄利而使消费者易于接受，销量自然有所增加。同时，他“能择人而任时”，疑人不用、用人不疑，充分信任店员，保证店员应得的利益，店员因此而尽心效力。范蠡仗义疏财，周济贫困，并且将致富的方法毫无保留告诉别人，帮助他人一同致富，是“己欲立而立人，己欲达而达人”这一儒家思想的最好实例。此外，孔子的弟子子贡、战国时的白圭，也都是超越个人功利的儒商代表。

（二）西方可持续发展理念和企业社会责任

“可持续发展”是于20世纪80年代提出的一个概念，是人类对发展的认识深化的重要标志。1987年，世界环境与发展委员会在《我们共同的未来》报告中，首次阐述了“可持续发展”的概念。报告指出，所谓“可持续发展”，就是要在“不损害未来一代需求的前提下，满足当前一代人的需求”。换句话说，可持续发展就是指经济、社会、资源和环境保护协调发展，既要达到发展经济的目的，又要保护好人类赖以生存的大气、淡水、海洋、土地和森林等自然资源和环境，使子孙后代能够永续发展和安居乐业。可持续发展的核心是发展，但要求在保持资源和环境永续利用的前提下实现经济和社会的发展。

20世纪80年代，企业社会责任运动开始在欧美发达国家发起，并逐渐演变成一股世界潮流。企业社会责任运动强调企业在生产过程中对人的价值的关注，对环境、消费者和社会的贡献，其最主要的一种形式是“企业生产守则运动”，要求公司特别是跨国公司等企业，必须以国际劳工标准为依据来制定和实施工资、劳动时间、安全卫生等劳工标准。企业的生产守则最初是在劳工组织和消费者的压力下，跨国公司为保持形象而设立的自律性规则。但跨国公司自身制定的生产守则，一定程度上服从于其商业利益，实施状况很难得到社会监督。因此，生产守则运动开始由跨国公司自我约束的内部生产守则向社会监督的外部生产守则转变。

国际上一些涉及绿色和平、环保和人权等的非政府组织以及舆论不断呼吁，要求社会责任与贸易挂钩。如联合国 2000 年实施的“全球契约”计划，提倡包括人权、劳工、环境和反腐败 4 个方面的 10 项原则，目前已有 2900 多家世界著名企业加入全球契约。世界经济合作与发展组织、国际劳工组织、国际标准化组织、国际雇主组织等，也都积极合作，就如何进一步推动企业社会责任达成共识。据经济合作与发展组织（OECD）统计，到目前为止，全球各种类型的生产守则已经超过 400 个，包括 ISO14000 环境管理体系国际标准、ISO26000 社会责任指南、赤道原则、责任关怀原则、安全与人权自愿原则等。其中最有影响力的是由国际社会责任组织（SAI）于 1997 年制定的 SA8000 道德规范标准。跨国公司纷纷响应 SA8000 标准，而且要求供应商和合作企业也都要遵守这些守则，从而将企业社会责任运动扩展到了包括中国在内的广大发展中国家。如今，企业社会责任在欧美发达国家的发展，已经从当初以处理劳工冲突和环保问题为主要功能，上升到实施企业社会责任战略提升企业国际竞争力的阶段。越来越多的公司设立了企业社会责任委员会或类似机构，并公开发表社会责任报告。

此外，西方各国政府和法律部门也充分发挥规制作用。1937 年，德国的《股份公司法》最早对公司社会责任作出明确的法律规定，强调公司董事“必须追求股东的利益、公司雇员的利益和公共利益”。1968 年，欧共体发布了公司法第一号指令，要求成员国对股东、债权人和其他与公司从事交易的利益相关者提供切实保护。英国也在 1980 年修改公司法时，规定董事必须考虑雇员的利益。1984 年，美国法律研究所发表一份关于《公司治理原则：分析与劝告》的建议，规定公司在追求盈利目标的同时，必须受社会责任或社会需要的制约。至今，美国已有近 30 个州相继在公司法中加入了公司的社会责任内容，要求公司经理为公司的“利益相关者”服务，而不仅为股东服务。

（三）“共享经济”时代的到来

一种新的经济体系正在登上世界舞台。协同共享伴随着市场经济蓬勃发展，并开始改变我们组织经济生活的方式。从生产力发展上来看，第三次工业革命的贡献可能会远远超过第一次和第二次工业革命。数十亿人和数百万组织被连接，从而使人类能以一种前所未有的方式，在全球协同共享中分享其经济生活。这个连通性转折点的重要意义甚至有可能超过20世纪电气化所带来的经济变革，以及随之产生的电话、广播和电视的传播。互联网、可再生能源和处于萌芽状态的自动化物流和运输网络，为社会价值的共享创造了史无前例的条件。具有颠覆性能量的共享经济，将引领下一轮商业思维变革，改变人类的生产、消费和企业运营模式。

华盛顿特区经济趋势基金会主席杰里米·里夫金认为，协同共享作为一种新的经济模式，在21世纪的下半叶甚至会取代资本主义，成为人类社会主导的经济形态。它使商品、服务、数据以及智慧拥有共享的渠道，从而创造多赢，极大地缩小收入差距，使全球经济民主化，并创造了一个在生态上更具可持续性的社会。

企业的意义也要被重新定义为创造共享价值，而不是利润本身。传统的商业思维由于割裂了企业利润与满足社会需求之间的关系而已经不合时宜。企业的经济价值与社会价值之间是互相推动、良性循环的，共享价值将成为新时代企业的本质目的。学会通过满足新需求、获得新效率、创造差异性和开拓市场等新方式，更好地观照人类需求，提升生态效益，创造一个可持续发展的未来，是企业重获尊崇的最佳机会。研究表明，在未来40年内，总能源效率有可能增长到40%或更高，并且在21世纪下半叶实现前所未有的生产力增长。全球经济下一轮的创新增长已经开启。

三、商业“善”时代的到来

当前，我国已进入全面建成小康社会的决定性阶段，保障和改善民生的任务十分繁重。鼓励支持民营企业参与公益慈善事业，是引导民营企业坚定中国特色社会主义理想信念、积极履行社会责任的有效方式，是推动中国特色公益慈善事业发展的必然要求。

2014年1月，民政部和全国工商联联合下发了《关于鼓励支持民营企业积极投身公益慈善事业的意见》，要求各级民政部门和工商联组织统一思想、提高认识，提高民企参与公益慈善事业的积极性，支持民企为中国特色公益慈善事业科学发展作出新的更大贡献，为实现民族伟大复兴的中国梦作出更大贡献。

《意见》为民营企业参与公益慈善事业提出了 5 大方面的支持措施。一是提供有效的咨询和指导，方便企业设立公益慈善类社会组织；二是落实优惠政策，对企业公益性捐赠支出进行所得税税前扣除，落实公益性社会组织的免税资格审核；三是对慈善需求对接提供便利，民政部门和工商联组织加强合作交流；四是对民营企业公益慈善行为，要协调各类媒体大力宣传，营造利于民营企业投身公益慈善事业的社会氛围和舆论环境；五是要求民政部门和工商联组织积极协调相关部门，从土地供应、设施配套、企业服务方面，对为公益慈善事业作出突出贡献的民营企业提供便利和优惠条件。这份文件有利于推动企业投身公益慈善事业，形成慈善为企业发展服务、企业为公益慈善奉献的双赢局面。同时，媒体的有效宣传有利于社会形成关注慈善、参与慈善的良好风气和道德取向。

12 月，国务院出台了《关于促进慈善事业健康发展的指导意见》（以下简称《指导意见》），《指导意见》对于我国慈善事业发展具有里程碑式的意义，这是新中国成立以来，第一个以中央政府名义出台的指导、规范和促进慈善事业发展的文件，充分体现了我国慈善事业发展的时代性，全面地、系统地梳理了我国慈善事业发展的现状，并前瞻地、开放地设计了我国慈善事业发展的未来方向和路径。

《指导意见》把慈善事业纳入国民经济和社会发展总体规划和相关专项规划，慈善公益事业将成为经济社会发展的重要组成部分，成为衡量国家、区域、城市发展的重要标准。

《指导意见》强调建立慈善与社会各方面的衔接机制。企业作为重要的社会发展的动力和主体，将在今后与慈善事业更加紧密地衔接起来，共同形成解决社会问题、推动社会进步的巨大合力。

《指导意见》从慈善资源的角度，全面支持和鼓励各种创新的慈善事业参与方式。倡导金融机构根据慈善事业的特点和需求创新金融产品和服务方式，积极探索金融资本支持慈善事业发展的政策渠道。鼓励企业通过各种创新方式为慈善事业提供资源支持。首次提出捐赠知识产权收益、技术、股权、有价证券等新型捐赠方式；鼓励设立慈善信托、慈善保险产品等慈善金融工具；推进慈善消费、公益创投等各种企业参与公益慈善事业的渠道。

2014 年这两个文件对于企业参与慈善事业意义深远。从中央政府到部委到地方，对于企业参与慈善事业都持鼓励、支持的态度，这也预示着企业在慈善事业，改善民生方面将大有可为，极大推动商业“善”时代的到来。

四、打造永续发展的“善商”

（一）倡导新的商业模式

善商以解决社会问题为出发点，来设定企业的发展战略，探索一种创造共享价值的全新组织和运营模式，重新界定企业与社会的关系，重新塑造企业的使命和价值观。这无疑给企业带来了最根本和最深刻的变革。

越来越多的企业和企业家不再以利润和股东利益为唯一目标。这一情况由量的简单扩张，转变为质的持续提升，不断超越和升华，社会责任逐渐融入企业的使命和企业家的责任与担当。从企业价值链和社会环境中找出企业与社会共赢之间的“交叉点”，利用自身资源与优势，挖掘未被满足的需求，深入未被开发的市场，解决社区缺陷，引导消费者进行责任消费，改变面临的环境和贫困挑战，从而创造社会福祉，实现共赢。共赢的发展才是可持续的发展。

一些从传统行业的风浪里摸爬滚打、在互联网淘金大潮中抓住商机的企业家，早已自觉或不自觉地将对社会责任的关照植入其商业模式。通过新型的互联网免费模式、互联网的草根金融模式、众筹模式等，人们可以发现，企业和大众、商业行为和社会责任之间的界限日益模糊。新一轮的经济变革正在到来，以一种更节制、更友善的方式推动社会经济持续发展。

（二）提升企业效率和品牌价值

一种更具道德感的商业模式，赋予企业独特的比较优势和更强的竞争力。采用新的技术、经营方法和管理方式来实施创新，持续探索社会需求，可以帮助企业发现重新定位的机会，发现过往被忽略的“蓝海”，创造出满足社会需求的产品和服务，如健康的食品、环保的产品等，从而有效地拓展市场。利用更先进的科技、回收与重复使用等办法，能够大幅提升能源使用效率，减少污染排放，改善环境绩效，节省运营成本，获得更多利润。为困难群体和低收入者提供适当的产品和服务，在创造巨大的社会效益的同时，帮助企业获得回报。尊重员工权益、听取员工建议、定期培训、关注劳动力市场的需求，可以赢得员工的信任，激励员工创新，不断提高工作效率。

品牌影响力作为企业最具价值的无形资产，对提升企业竞争力意义重大。据欧洲一项最近的普查，70%的消费者称生产商的社会声誉是他们购物选择的重要标准，20%的消费者愿意多花钱购买对环境和社会有利的产品。包含社会责任的商业品牌更具吸引力，能够增加消费者的认同感，从而贡献更多市场份额。而且，由于企业内生的道德感和正义感，在面临不可避免的危机时，更容易获得股东和利益相关者的谅解和支持，一定程度上可以帮助企业抵御风险。

（三）带来更广泛意义的正向影响

商业通过“善”的基因释放出巨大的正能量，鼓励大众向善，带动整个社会从善氛围的营造。企业以解决社会问题为导向的行善商业模式为政府和社会组织提供了榜样和示范，促使他们进一步发挥自身优势和能量，利用创新的手段，推动社会问题的解决。公益慈善组织也可以向商业取经，围绕自身使命，协同企业、政府、公民个人等广泛的社会力量，采用公益创投、慈善信托等方法，壮大慈善力量，提升慈善的效率，合力促进社会公正和谐发展。

五、善商经典案例[①]

阿里巴巴：扶持中小企业发展壮大

长久以来，中小企业的生存空间一直受到限制。由于资源、经费、流通渠道等瓶颈的制约，中小企业发展常常受到阻碍，难以获得传统批发零售市场的有利地位，缺失了公平竞争的机会，很难将自身企业与产品的信

① 案例内容主要来源于企业官网及相关报道。

息有效地传达至顾客。

在互联网大发展的时代背景下，阿里巴巴及时关注到小商户发展受限的痛点，运用电子商务的力量，在全球范围内扫除障碍，让即便是最小的企业，也能轻松触及消费者，无论他们身在隔壁或世界的另一头。可以说，阿里巴巴彻底颠覆了传统的商业模式，创新性地开启了一个开放、协同、价值共享的新经济时代，真正做到了“让天下没有难做的生意”，让每一位普通百姓都能拥有同等的市场机会，发挥潜力，实现梦想。

搭建“人人都可做生意”的电子商务平台

阿里巴巴通过搭建公共电子商务沟通和交易平台来为中小企业服务，推出淘宝网、天猫、聚划算三大平台，使中小卖家可以通过平台实现信息交换，直接创造经济价值，也使消费者可以突破地域的限制，接触到一种新的购物方式。

快捷有效、低成本的企业对企业（B2B）批发零售流通渠道，使得小企业能通过网络做成国际大生意；针对个体消费者的 C2C 平台又为中小、个体企业和个人提供了网上零售交易渠道，使交易双方能够高效便捷地沟通信息。而它推出的“支付宝”又很好地利用阿里巴巴的第三方信用作担保，解决了网上小额交易的信用和货款支付的难题。阿里巴巴成功地解决了网上零售的信息流、资金流和信用瓶颈，为中小企业拓宽了产品流通渠道，解放了企业的生产力，为它们拓展了一片广阔的经营空间，让其在参与国内与全球市场竞争时处于更有利的位置，实现与商户的共同发展。

解决千百万个体的就业问题

阿里巴巴集团的创始人马云说：“一个公司是不是伟大，不是看它赚了多少钱，而要看它有没有为社会解决问题。”阿里巴巴自创立之日起，就把解决社会问题视作其发展目标，将社会责任融入商业模式中。除了推动中小企业的发展，还创造了大量新的就业岗位，为许多草根创业就业者提供了工作与发展的空间，有力地推动了经济和社会的持续健康发展。

阿里巴巴帮助贫困群体 468 万人实现就业，且特别注重对残疾人网络就业的支持和关注，推动了 1000 万个间接就业机会。在接下来 3—5 年内，将大力推进“千县万村”计划，投资 100 亿元建立 1000 个县级服务中心和 10 万个村级服务站，让农民足不出户把优质农产品卖到全世界，在农村也能享受和城市一样的消费选择。

可口可乐：推动社区健康与发展

可口可乐坚定“积极乐观、美好生活”的信念，一直以来致力于推动社区可持续发展，力求以自己的专长来服务所在社区，创造公共价值。通过长期积极的变革，帮助社区克服在发展中遇到的困难，促进社区的繁荣和进步，为世界带来积极的改变。

专注于改善偏远贫困地区的社区福利与妇女经济权益，可口可乐通过提供创新的解决方案，使世界经济发展的红利为全球数十亿贫困人口所享有。可口可乐将社会责任融入企业运营中，坚信企业的成功离不开其所服务的人与社区的成功，只有所服务的社区实现可持续发展，公司业务才能持续发展壮大。

创新配送　改善贫困地区急救药物供应状况

在疟疾、黄热病等感染疾病多发的非洲地区，由于路况糟糕、信息不畅等造成的封闭状况，居民得不到充分的服务，无法及时获得紧急救治需要的药物。可口可乐利用其在供应链和物流方面的专长，与合作方展开“最后一英里项目”，将急救药品输送给非洲坦桑尼亚和莫桑比克最需要的人群，帮助偏远地区的居民获得用于维持生命和改善生活的药物，改善了这些地区急救药物的供应状况。

到目前为止，“最后一英里项目”已经获得了巨大的成功。通过与当地药店管理部门合作，实施直接配送模式，减少药品供应的瓶颈，并且整体改善了药品分销的情况。这些地区医疗诊所的药品的可用性提升了20%—30%，被有效覆盖的健康机构超过了5500所，极大地扭转了当地急救药物短缺的局面，加速了儿童和孕妇死亡率的降低。

“520计划”关注妇女创业

可口可乐认为妇女是业务长期增长的重要基石，是所在社区的支柱，投资妇女事业是助力经济增长和促进可持续发展的有效途径之一。“可口可乐520计划”是可口可乐公司在全球推动的可持续发展项目中妇女扶助计划的重要组成部分。这一计划通过技能培训、经济资助和导师支持等措施，旨在于2020年前帮助全球500万名妇女提高家庭经济收入，改善生活品质，从而增强女性的自信心和荣誉感，为社会创造价值。这是全球商业机构同类项目中规模最大的项目。可口可乐在非洲的许多微型分销中心都是由女性经营，这不仅帮助可口可乐将饮料运送到卡车和火车无法到达的小店铺和零售亭，同时为公司的业务、零售和餐馆客户以及整个社会创造出了价值。

亿利资源：引领沙漠生态新经济

从黄沙漫天的荒漠，到生机勃勃的绿洲，亿利资源集团用了20年的时间，在黄河南岸1.86万平方公里的库布其沙漠深处，构筑起一条全长240多公里的绿色生态屏障。持续的沙漠生态绿化和修复工程生态建设，不仅救助了沙漠里的父老乡亲，也打通了鄂尔多斯、包头等地区人流、物流、信息流的通道。“市场化、产业化、公益化”相结合的沙漠绿色经济发展模式，最终实现荒漠化地区人、环境和经济的全面协调可持续发展。亿利集团创始人王文彪也因此被授予联合国首届“全球治沙领导者奖”。

可持续的商业治沙模式

沙漠治理最大的瓶颈就是如何实现可持续，也就是说如何解决从输血治沙到自我造血治理的问题。亿利资源经过反复实践，探索出了防沙与经济效益并存的“生态＋生意”的商业模式，即“靠沙吃沙”。通过大规模的荒漠化防治，培育和带动沙漠化地区的沙产业发展；然后再通过沙产业的发展，反哺和促进沙漠化地区规模化防治，实现生态与生意的相互促进与良性循环。

在地下大规模种植甘草、沙棘等沙漠经济作物，在地上大规模种植有经济价值的灌木乔木，并采取“公司＋农户，企业＋基地”的联盟发展模式，大力发展了千亿元规模的“有机肥料、有机材料、有机能源、有机食品”沙漠绿色经济，为沙漠周边生活的百姓创造了近100万个就业机会，当地农牧民的年均收入在10年间增长了7倍。企业则通过开发沙漠资源获得了效益，同时使荒漠化得到遏制。亿利集团由此走出了一条抗争荒漠化、整体消除贫困、改善区域生态、整治沙漠土地的绿色可持续发展之路。

造福人类的绿色生态效益

相当于7个新加坡面积的5000多平方公里的沙漠得到了绿化，有效遏制了刮向内蒙古和北京的沙尘，使沙尘暴天气由过去每年70—80次减少到现在的 3—5 次，降雨量也从 20 多年前的 70 毫米增长到现在的 300 多毫米，创造了几百亿元福祉人类的生态价值。沙漠生物的多样性也得到了明显恢复，狼、狐狸、天鹅、山鸡、野兔、沙冬青、梭梭等野生动植物不断增多。

值得一提的是，“大面积厘米级”的土壤迹象逐渐出现，而如果靠自然恢复的话，沙漠中每厘米土壤的形成至少需要 1 万年的时间。这为国土新资源的拓展找到了新的路径。亿利集团计划继续推进生态环境修复工程，用下一个 10 年的时间，为中国和世界荒漠化严重地区再贡献 10000 平方公里的沙漠绿洲，开拓人类新的生存空间。

达能：廉价酸奶撬动当地扶贫

孟加拉国是儿童营养不良状况最严重的国家之一，其 5 岁以下的儿童，有超半数受营养不良所困，原因在于日常饮食缺乏足够的维生素和矿物质。营养不良不仅延缓儿童发育，还造成他们抵抗力低下、学习能力受影响。

2005 年，尤努斯找到了全球最大乳制品制造商达能集团（Danone），共同用社会企业的模式成立合资企业——格莱珉达能食品有限公司（以下简称公司），未来所有盈余都不分配给股东，而是用于促进孟加拉国儿童健康。合作中，达能集团负责提供乳制品制造、质量管理以及养分添加的专业，而尤努斯的格莱珉银行，则以扎根当地市场的密实网络，打通产品推广和配送上的最后一里路。

打造有生命力的公益产品

因其使命是改善儿童营养不良，产品从一开始就添加维生素 A、锌和碘的营养强化酸奶，并以孟加拉语命名为 shokti doi，意为“能量酸奶”。乳制品本身就富含钙质与蛋白质，是最便宜的营养补充品，其主原料牛乳可以就地取材，添加物可以采用当地的糖和糖浆，加上低廉的劳动、土地成本，让这项营养补充品能够以 5—8 孟加拉塔卡（约合人民币 0. 4—0. 6 元）的价格在乡间出售。由于孟加拉人的平均日所得只有 2 美元，唯有如此低廉的价格，才能让穷乡僻壤的低收入人群也负担得起。

在巴黎郊区达能公司的一座超现代化研发中心里，科学家们夜以继日地研发廉价的营养型酸奶。他们要找到适宜的配方，既能保证低廉的成本，又能满足基本的营养要求，还要保持良好的口感和均匀的质地。

2006年11月，酸奶厂在孟加拉正式成立，每年生产酸奶3000吨，原料牛奶来自当地的300家微型牛奶农场。由于绝大多数当地的农民非常贫穷，格莱珉银行为其提供了小额贷款，帮助他们购买奶牛，改善饲养条件，并购买足够的饲料以增加牛奶产量。在酸奶厂的协助下，奶农们还组成了合作社，成立了带有冷冻设备的奶站。

酸奶销售链条撬动当地扶贫

酸奶在孟加拉乡间是新形态的营养补充品，推广艰难。孟加拉乡村居民多半知识水平不高，不了解食物中所含有的养分，需要推销人员沿门挨户推销。格莱珉银行所训练的“格莱珉女士”扮演了这个关键角色。女士每售出一瓶酸奶，可以赚取售价的10%。不过为了平衡运营成本，公司同时也必须在城市以较高的定价销售不同风味的酸奶，以补贴乡村地区的售价。

通过生产和销售两方面的努力，公司每天可以售出超过10万瓶的廉价酸奶，创造超过1600个工作机会。经过对儿童样本的研究和分析，该计划主持人指出：“廉价酸奶让幼童长得更高；他们在心理测验中的专注力、解决问题能力和心理弹性等方面也有较好的表现。”

达能公司强调，这一系列面向低收入消费者的举措绝非做慈善。“达能不是非政府组织。学会以8美分价格售出一种营养产品而不亏损，对制定重大战略有所帮助，在成熟市场也是如此。”这种社会企业式的酸奶厂不但解决了当地奶农的收入问题，为当地妇女提供了岗位，而且能为贫困人口提供物美价廉的酸奶，以改善他们的营养状况，一举多得。这第一家社会企业样本的成功将带来良好的示范作用，可口可乐、微软等都对社会企业表现出了浓厚的兴趣。

桃源居：自我“造血”的公益社区

“桃源居”楼盘项目的前身是深圳航空城东区项目。20世纪90年代，项目的开发公司迎合当时“炒地”潮流，希望在成片开发后出让土地，却遭遇了随后而来的房地产开发低谷。项目债务问题凸显，楼盘配套设施缺失，垃圾场紧邻楼盘。这都成为项目的致命问题。

桃源居从诞生之初就面临着比其他地产项目更为严峻的挑战，也就从一开始就奠定了“积极解决社区问题”的风格。从配套设施开始，桃源居不断改进社区功能，引进学校、诊所、图书馆等功能性设施。出现较集中和普遍的矛盾或需求时，桃源居设计解决方案。在社区中种菜的“开心农场”、老年协会、妇女邻里中心等公益组织陆续出现。

据 2014 年统计数据，深圳桃源居业主参与社区组织活动的比例高达 48%，义工人数达到 13200 人，超过整个社区人口的 1/4，义工服务共计 16. 8 万小时。这反过来促进了社区和谐、提升了社区自治水平，达到了多赢的效果。目前，深圳桃源居探索出的公益社区模式，已顺利移植至重庆和天津的桃源居社区。

社区发展服务中心作为“引擎”

桃源居拥有 2 套社区配套系统，一是功能较完备的传统社区配套，包括居委会、社区警务、幼儿园、社区商业、体育俱乐部、社区互联网和现代服务业等；二是社区公益配套体系，包括社区公益中心、社区基金会、社区养老中心、妇女邻里中心、儿童教育中心等。

在桃源居的这些公益组织中，桃源居社区发展服务中心起着“引擎”的作用，它是桃源居社区在深圳首创的非营利性社区经济发展组织，是整个桃源居社区公建设施的运营机构。作为八大组织唯一一个盈利机构，其通过出租商铺以及自主运营赚得而来的收入将全部用于社区公益事业和福利事业的发展。

以基金会培育社区社会组织

2008 年 7 月 16 日，“桃源居公益事业发展基金会”正式设立登记。基金会解决社区资本问题，专职培育社会组织，给其注血，提供第一桶社会资本，而公益中心专门负责造血。桃源居的公益事业不是传统意义上的慈善救助，而是可持续的。据报道，2013 年，社区公益中心的收益达到 1350 多万元，投入社区的公共事业 1100 万元，还能节余 200 万元以上资金返还到社区公益基金持续造血。

桃源居公益社区模式创新了企业承担社会责任的方式，通过设立和运营桃源居公益事业发展基金会，积累社区公益资本与资产，培育社区公益组织参与社区建设。

桃源居公益事业发展基金会是我国首家以培育社区公益组织为使命的全国性非公募基金会，在全国范围内开展社区社会组织培育、社区公益人才培养、灾害救援、社会公益、社区理论研究5大类共计48个公益项目，形成了桃源居善治型社区治理模式。

社区公益组织发展基金会在健全社区公共服务体系、改善社区民生和公共福利、提升社区自治和社会治理水平等方面都将发挥重要作用。

特斯拉：以创新科技加速汽车行业转型

在传统能源濒临枯竭的背景下，以普锐斯（Prius）和特斯拉（Tesla）为代表的新能源汽车概念开始流行。目前，几乎全世界电动汽车产业界都在试图攻关多项关键技术，争取政府的大力补贴，特斯拉从中异军突起，成为电动汽车中的传奇。

就中国市场而言，特斯拉的产品特质符合了国家对于节能环保的引导，国家层级的消费倡导也给新能源汽车更多的生存空间。伴随多项引导和补贴政策出台，2015年上半年，中国本土新能源乘用车完成销售50627辆，比上年同期增长185.8%。

在各种宣传中，特斯拉常被人格化为一个实力卓越、略显叛逆、充满未来感的“IT小子”。在产品模式上，它挑战了以底特律为代表的传统汽车制造业；在文化心理上，则挑战了固有的中产阶级生活方式。创新、环保、亲民，特斯拉颠覆了传统汽车行业高能耗、高污染的定位，通过科技手段，将一种创新的生活方式引入大众生活。

以科技实力推动行业转型

特斯拉的创始团队认为，石化能源终将退出社会舞台，所以，公司从一开始就确定了使命和道路：通过做出一个市场成功的电动车范例，发展新能源汽车，加速汽车行业的转型。

市场的成功首先建立在强大的产品实力之上。特斯拉在诞生之初即带有IT、科技的基因，马丁·艾伯哈德创造性地提出用电脑锂电池作为汽车动力，续航瓶颈得以突破。随着技术难题的不断攻破，特斯拉在性能和体验方面获得卓越口碑，在全球范围拥有众多拥趸。

在环保方面，根据特斯拉公布的数据，截至2015年2月，全球范围内的特斯拉 Model S 行驶里程总数已超过 12 亿公里，节省 1.3 亿升燃油。按照国五汽油标准测算，相当于减少排放了 1200 吨一氧化碳、120 吨碳氢化物、72 吨氮氧化物，避免了大量 PM2.5 的产生。

一般来说，燃油车的动力系统只能将 14%—30% 的能源转化成动力，相比之下，电动车对能源的利用效率远远高出这一水平。来自特斯拉的数据显示，其设计生产的 Model S 能源利用率高达 80%。当电力来源于更清洁的能源供应时，Model S 对大气的排放污染将趋于 0。

未来风格设计匹配产品理念

特斯拉在外形上有极高辨识度。特斯拉起用的设计师 Franz von Holzhaosen 表示："我和我的团队想创造一个苗条、有运动感的外形去匹配斯特劳贝尔创造的动力系统。我们想创造一样东西足够吸引人，而且会让人们联想到内在的品牌精神。"当同等价位的传统汽车强调身份、舒适、豪华等因素时，特斯拉采用了现代风格的设计理念，还将汽车本身变成智能终端，更加匹配产品总体理念。

定位从豪华入手，向中低品牌渗透

"科技范儿"、"关注环保"、"高端人群"是特斯拉客户群体的三个关键词。根据 Gravity.com 的一项调查，对特斯拉有兴趣的人对燃料效率的关注程度是普通大众的 8.5 倍。购买的其他动机还包括享受新潮科技、动力安全性、终生用车成本等。反过来，如汽车更强调科技感、安全性、用车成本，将有更多群体愿意选择电动汽车。特斯拉的直销模式、从体验店到网上销售端、全产业链服务模式都符合了这类预期。

在营销方面，特斯拉第一款车 Tesla Roadster 客户群体瞄向富人。从布拉德·皮特、乔治·布鲁尼、施瓦辛格再到谷歌的两位创始人，其客户名单几乎是全球财富榜上的人。这类客户为特斯拉带来良好示范效应。特斯拉从豪华品牌入手，逐渐向中低端品牌渗透。第二款车型 Model S 在价格上具备竞争力。以大众消费为目标的 GENIII 正在研发中，价格更加亲民。由此，特斯拉将逐步获得高、中、低三档客户，将"富豪的玩具"变成更加适合大众需求的环保出行工具。

第四篇　网络捐赠

第十一章　2014 年网络捐赠报告[①]

我国网民规模已经突破 6.68 亿，其中 88.9% 通过手机上网。互联网是一种技术手段，利用这种技术手段开发出来的方便快捷、易于传播、互动性强、安全可靠、体验性好的劝募工具和捐赠模式，才是“互联网 + 慈善”的真正目标，其内在的核心在于如何与劝募对象在碎片化的交流中迅速建立起信任，获得情感认同并创造良好的参与体验，并培养捐赠人良好的捐赠习惯。2014 年，新浪微公益、腾讯公益、支付宝 E 公益三大平台和淘宝公益店铺共募集善款 4.28 亿元，与上年相比有大幅度增长，并呈现出一些新的特点。本文针对网络劝募最主要的方式——第三方平台劝募进行深度剖析，以期能够窥豹一斑，了解 2014 年我国网络捐赠的主要特征和发展趋势，在劝募和捐赠项目设计、传播与沟通方面提供一些有益的参考和借鉴。

一、中国近 6 亿人用手机上网，近 3 亿人通过手机支付

根据第 36 次《中国互联网络发展状况统计报告》数据，截至 2015 年 6 月，我国网民规模达 6.68 亿，互联网普及率为 48.8%。移动商务类应用发展迅速，互联网应用向提升体验、贴近经济方向靠拢。2014 年，基于移动 APP 的数据流量首次超过了 PC 的数据流量，移动设备已经代替电脑成为网民上网的主要工具。

① 本文所指的网络捐赠指通过互联网技术和手段进行募捐和捐赠行为。笔者将我国网络捐赠主要分为公益组织官网劝募、第三方平台劝募、电子商务劝募和公益众筹 4 种模式，本文对这 4 种模式进行了详细的论述和分析。

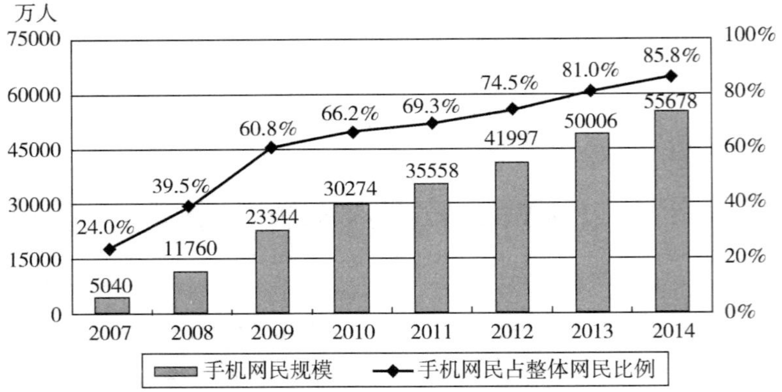

图 11－1　中国手机网民规模及其占网民比例

截至 2015 年 6 月，我国手机网民规模达 5.94 亿，网民中使用手机上网的人群占比由 2014 年 12 月的 85.8% 提升至 88.9%，信息获取类应用注重个性化服务，移动端即时、便捷的特性也更好地契合了网民的商务类消费需求。伴随着手机网民的快速增长，移动商务类应用成为拉动网络经济增长的新引擎。2015 年上半年，手机支付、手机网购、手机旅行预订用户规模分别达到 2.76 亿、2.70 亿和 1.68 亿，半年度增长率分别为 26.9%、14.5% 和 25.0%。

互联网对个人生活方式的影响进一步深化，从基于信息获取和沟通娱乐需求的个性化应用，发展到与医疗、教育、交通等公用服务深度融合的民生服务。未来，在云计算、物联网及大数据等应用的带动下，互联网将推动农业、现代制造业和生产服务业的转型升级。

二、2014 年网络捐赠总体情况

参与本次网络捐赠统计的数据主要来源于新浪微公益平台、腾讯公益和支付宝 E 公益平台，这三大公益捐赠平台是我国最重要的第三方网络捐赠平台，通过这三大平台发布和募捐的公益慈善项目占我国网络捐赠的大多数。

（一）网络捐赠平台共募捐 4.28 亿元

根据新浪微公益、腾讯公益、支付宝 E 公益和淘宝公益平台提供的数据，2014 年 1 月 1 日至 12 月 31 日，三大平台及淘宝公益店铺共募集资金约 4. 28 亿元，比 2013 年增长 42. 6%。

其中通过新浪微公益募集善款 4797 万元，通过腾讯公益平台筹款 10043 万元，通过阿里系公益平台共募集 2. 8 亿元。阿里系公益平台包括淘宝平台和支付宝平台，前者具体涵盖公益宝贝、公益网店、公益判定、公益众筹、公益拍卖等，后者涵盖 E 公益、钱包公益等。

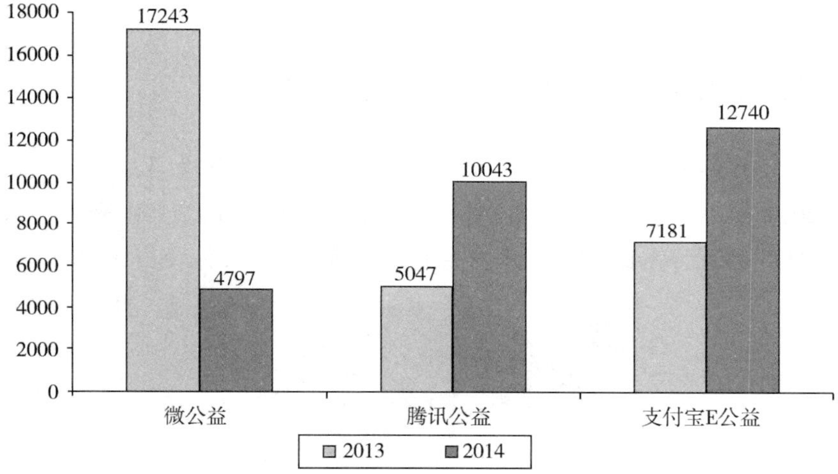

图 11－2　三大网络募捐平台接收捐赠情况（万元）

（二）捐赠进入"无线"时代

网络让现代人离不开又戒不掉，移动设备的发展将人们的上网时间进一步碎片化。利用手中的手机、平板电脑等设备，随时随地接入无处不在的万维网中，在信息高速公路上畅游。在公交车上、在聚会上、在饭店餐厅中，甚至走在路上都能看到拿着手机"辛勤耕耘"的"低头族"。

无线网与移动客户端的迅速发展，让网络捐赠的方式从电脑移动到手机和平板电脑上，让桌前捐赠延伸到任何一个能够接入网络的地方，捐赠成为随时随地触手可及的行为。这种变化也让网络捐赠激发出无限可能：闲暇时间打发时间可以做公益，健身行走时可以做公益，聊天交友可以做公益，旅行摄影可以做公益……每个人，每一时刻，每个地方都能够参与公益，参与行善。

从捐赠数据可以看出，2014 年，通过微博和微信移动客户端捐赠人数占总人数的 68%，捐赠金额占 61%，都远远超过了传统电脑端（PC 端）捐赠。因此，对于需要募捐的慈善组织和项目来说，定制符合碎片化阅读和无线移动式的募捐项目非常必要。另外，开发适于手机和平板电脑的信息传播与应用也是大势所趋，网络捐赠已经进入“无线”时代。

三、新浪微公益平台捐赠数据分析

（一）超过 80% 的捐赠来自个人，平均每笔 39.4 元

2014 年，通过新浪微公益平台捐赠共计 4797 万元，其中来自个人捐赠 4008.8 万元，占比 84%；来自企业的捐赠 787.8 万元，占比 16%。

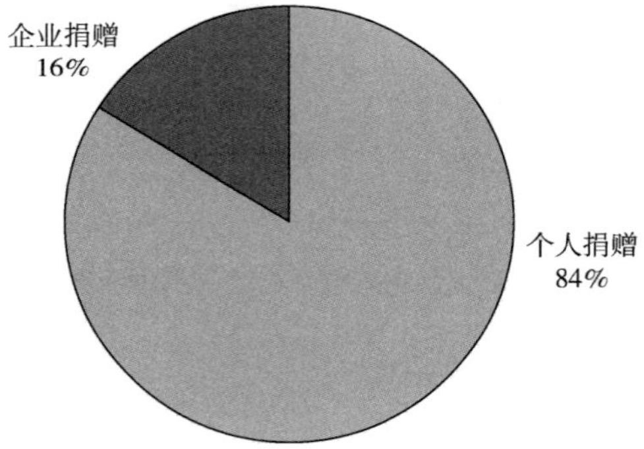

图 11-3　微公益平台个人捐赠与企业捐赠情况

新浪微公益全年共接收捐赠 1216624 笔，其中绝大部分是 100 元以内的小额捐赠，占比 98% 以上，单笔万元以上的捐赠仅有 99 笔。微公益平台平均单笔捐赠金额为 39.4 元。

（二）微公益平台女性捐赠量超七成

2014 年，通过微公益平台捐款中有 73.9% 来自女性网友，而男性网友捐赠量仅占 26.1%。捐赠最多 20 名网友共捐赠 15191344 元，占全部捐赠量的 31.85%。其中不乏参与公益的明星与名人。

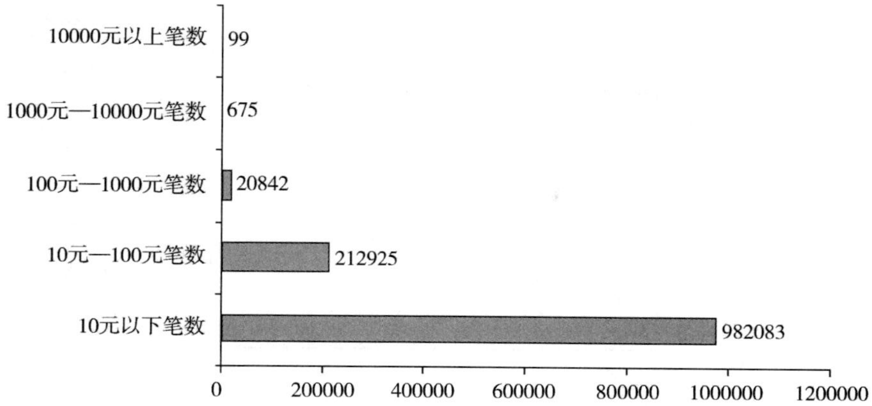

图 11－4　微公益平台捐赠额度分布

表 11－1　微公益平台捐赠最多网友 TOP20

序　号	名　称	金额（元）
1	浓汤野人 30	3954761
2	浓汤野人 3o	2707358
3	姚星彤	2000000
4	微博小秘书	1000000
5	王思聪	1000000
6	秒拍	1000000
7	合生元母婴救助基金	600000
8	默克雪兰诺中国	360000
9	吴奇隆 TD	310000
10	闽姐姐	301400
11	掌上品	300000
12	姚晨	252000
13	李晨	250000
14	澮樸	228000
15	伊能静	185020

续表

序　号	名　称	金额（元）
16	陈楚生	185000
17	三相公益	170000
18	常觀世音	156730
19	江湖南华	118575
20	黄晓明	112500

（三）网友逐渐养成捐赠习惯

根据微公益平台的捐赠数据，2014 年，捐赠一次的网友占捐赠人数的 62.94%，而多次捐赠的网友占到了 37.06%，其中捐赠 5 次以上的网友占比 14.58%。

表 11－2　微公益平台捐赠次数分布

捐 赠 次 数	捐赠人数百分比
捐赠 1 次	62.94%
捐赠 2 次	13.13%
捐赠 3 次	6.02%
捐赠 4 次	3.33%
5 次及以上	14.58%

移动互联网的普及推动网友多次捐赠，手机客户端捐赠让行善变得更加快捷。2014 年，通过个人电脑捐赠的网友占比仅为 24%，而通过手机捐赠的网友占比 76%。

表 11－3　微公益平台捐赠方式分布

捐 赠 方 式	捐赠人数百分比	捐赠金额百分比
PC 捐赠	24%	43%
手机 APP 捐赠	76%	57%

（四）90后成为微博捐赠中坚力量

根据微公益平台数据，90后捐赠人占比66.90%，即16—25岁的青年人参与微博捐赠人数最多；其次是80后，占比22.80%；00后也成为新的公益力量，占比6.01%。总体来看，通过微公益平台进行捐赠的网友中，95.71%是35岁以下的年轻人。

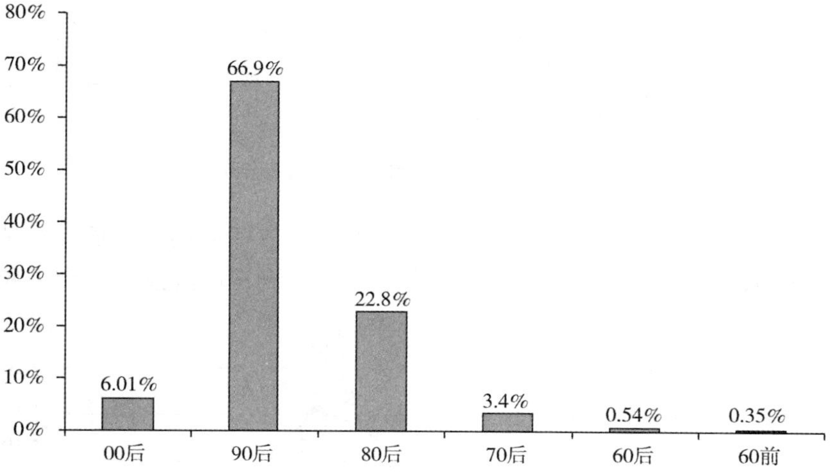

图11-5　微公益平台捐赠人年龄分布

（五）捐赠地域：广东人最慷慨

从捐赠地域来看，广东省捐赠的最多，占捐赠总量的11.6%；其次是北京市，占比9.4%。捐赠量前5名的省份分别是广东省、北京市、江苏省、浙江省、上海市，全部是东部沿海发达省份。5个省份捐赠量占全部捐赠的40.9%。

（六）8月捐赠量最多，占全年捐赠31%

2014年8月形成捐赠高峰，接收捐赠最多，达到1487.6万元，占全年接收捐赠总额的31%。主要是因为8月鲁甸地震抗震救灾募捐和“冰桶挑战”——对抗罕见病的捐赠活动。2014年8月3日鲁甸发生地震，各基金会和慈善组织通过微公益平台展开募捐，微公益迅速上线了“驰援鲁甸，央视新闻与福基会请你一起”、“驰援鲁甸——赈济家庭箱：一箱一家一星期”、“救在这壹刻——云南鲁甸地震救援”等多个募捐项目。8月18日雷军接受了“ALS冰桶挑战赛”，这一公益活动被国内慈

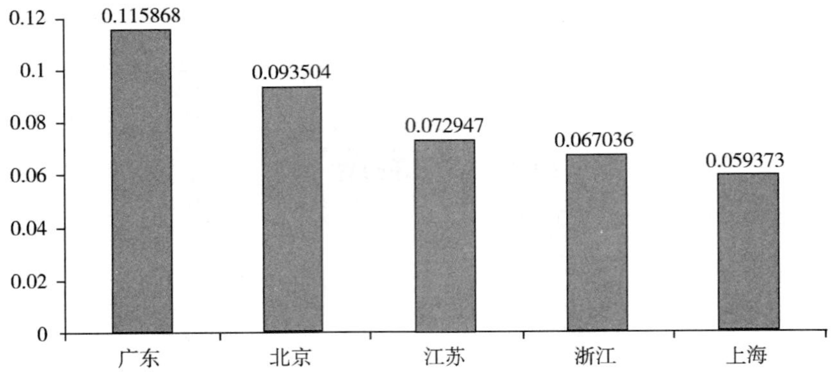

图 11－6　微公益平台捐赠人地域分布

善组织复制，瓷娃娃罕见病关爱中心发起了“为罕见病，‘冻’起来!”募捐活动，这些针对社会事件进行的募捐活动使 8 月微公益平台捐赠量激增。

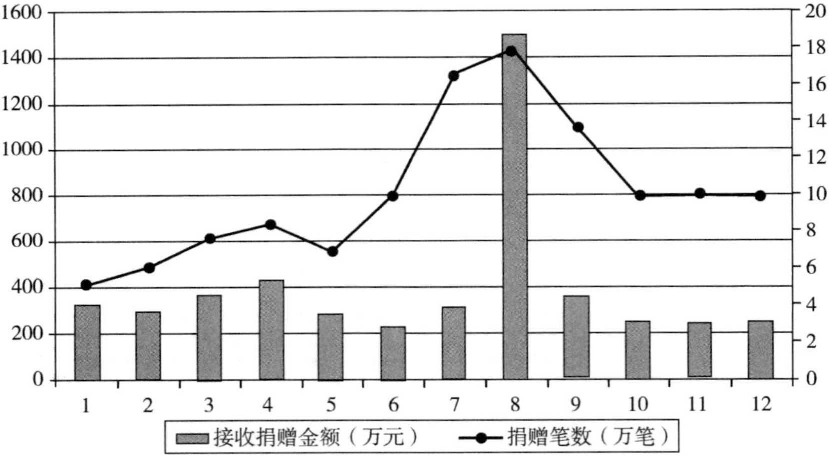

图 11－7　微公益平台捐赠月度比较

（七）医疗救助类捐赠最受网友支持

2014 年，新浪微公益平台上共发起募捐项目 5877 个，募集资金 4796.5 万元，平均每个项目筹集捐赠资金 8161.6 元。

表 11－4　微公益平台捐赠领域项目列表

捐赠领域	捐赠金额（元）	项目数	项目均额（元）
医疗救助	19934565	2854	6984.8
品牌捐助	13930557	111	125500.5
其他	5955120	236	25233.6
转发捐助	5319708	255	20861.6
支教助学	1391804	808	1722.5
儿童成长	1030559	1572	655.6
动物保护	217714	9	24190.4
环境保护	185425	32	5794.5
合计	47965452	5877	8161.6

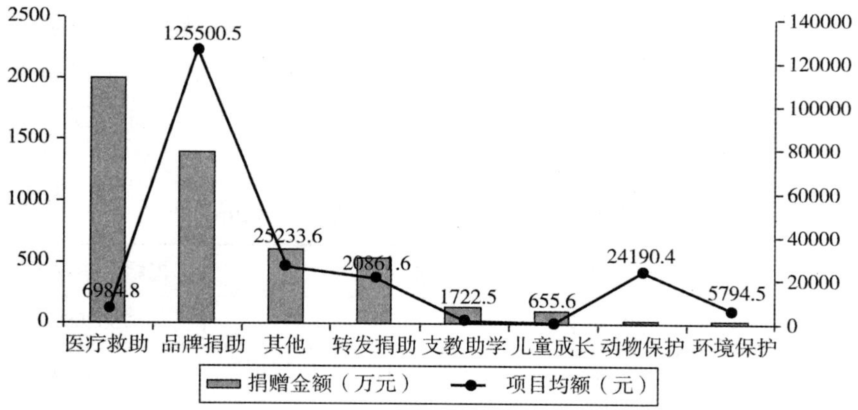

图 11－8　微公益平台各领域捐赠比较

根据捐赠流向领域来看，微公益平台爱心网友最青睐的仍然是医疗救助项目，达到 1993.4 万元，占捐赠总额的 42%；其次是品牌捐助，接收捐赠 1393 万元，占比 29%，品牌捐助往往是公益组织倾力打造，持续营运的公益项目，通过精良的设计和宣传提升品牌项目的互动性和影响力，在品牌声誉、信任度和传播度方面都较其他项目有优势，因此品牌捐助项目的项目均额也更高，达到了 125500.5 元；同 2013 年相同，微公益平台网友对于儿童成长、动物保护、环境保护等方面捐赠资金相对较少。

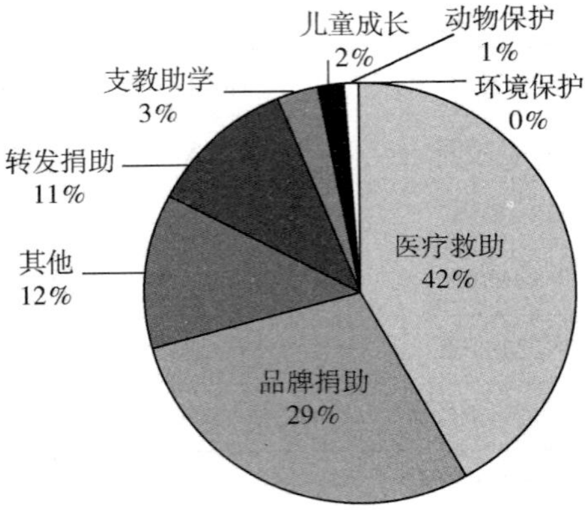

图 11－9　微公益平台捐赠领域分布

（八）“冰桶挑战”募捐最多

2014 年，微公益平台接收捐赠最多的 20 个项目共募集善款 16819785 元，占微公益平台全年募捐总额的 35%，其中接收捐赠最多的项目是“为罕见病，‘冻’起来”，模仿美国“ALS 冰桶挑战赛”，通过微博进行点名和转发，每笔捐赠 100 元。前 20 个募捐项目中，有关“鲁甸地震”的项目共 7 个，募集善款 4708114 元。

表 11－4　微公益平台捐赠项目 TOP20

序号	捐 赠 项 目 名 称	捐赠金额（元）
1	为罕见病，“冻”起来！	7582887
2	驰援鲁甸，央视新闻与福基会请你一起！	1475694
3	中国水安全计划	1206245
4	驰援鲁甸——赈济家庭箱：一箱一家一星期	945077
5	妇基会紧急向鲁甸灾区下拨第一批物资 灾区需要您	773926
6	抗战老兵助养行动	682357
7	云南鲁甸地震	552313
8	救在这壹刻——云南鲁甸地震救援	505003
9	为了孩子的幸福微笑	422311

续表

序号	捐赠项目名称	捐赠金额（元）
10	免费午餐	342643
11	老兵回家	337990
12	鲁甸有你救有力量爱心包裹关爱行动	263604
13	爱加餐	248562
14	昔日抗震英雄90%烫伤 急需援手	231436
15	向海南伸出援手	230061
16	甘霖行动 水援河南	219779
17	让候鸟飞	209208
18	老兵回家 致敬大礼包	200357
19	妈妈请不要放弃我	197835
20	我们一起救助云南鲁甸地震灾区	192497

（九）瓷娃娃罕见病关爱中心成为接收捐赠最多的机构

与微公益合作的公募基金会与公益项目共有68家，它们都与微公益签订了深度合作协议，如有资助项目上线，慈善组织会对项目进行核实并认领，通过公益组织的公募权和公信力保障项目的真实性和善款的充分利用。2014年通过微公益平台接收捐赠最多的机构是瓷娃娃罕见病关爱中心，主要是通过发起为“罕见病，‘冻’起来!”募捐项目，接收捐赠7607318元。2014年通过微公益平台接收捐赠过百万的慈善组织共有12家。

表11－5 微公益平台接收捐赠机构TOP20

序号	前20名接收捐赠方	接收捐赠金额（元）
1	瓷娃娃	7607318
2	爱心家园义工联	5026987
3	中华社会救助基金会	3843338
4	天使妈妈基金会	2974809

续表

序号	前 20 名接收捐赠方	接收捐赠金额（元）
5	中华儿慈会	2673028
6	北京新阳光慈善基金会	2296587
7	中国扶贫基金会	1598007
8	中国福基会联合劝募中心	1540941
9	中国水安全计划	1307143
10	德义基金	1144208
11	中国红十字基金会	1112362
12	中华思源工程扶贫基金会	1059258
13	西部儿童	938823
14	中国妇女发展基金会	872919
15	壹基金	735586
16	内蒙爱心慈善	642310
17	中国人口福利基金会	440323
18	免费午餐	384382
19	芒果 V 基金	331741
20	让候鸟飞	331015

四、腾讯公益平台捐赠数据分析

2014 年，腾讯公益平台共接收 506.7 万笔捐赠，共募集捐赠款 10042.7 万元，比 2013 年 5047 万元增长了 99%。根据月份捐赠分布来看，2014 年，捐赠高峰出现在 8 月，主要是由于 8 月 3 日云南鲁甸发生里氏 6.5 级地震，抗震救灾捐赠项目迅速在腾讯公益平台上线，吸引了大量网友的捐款。

（一）医疗类项目接收捐赠最多，80% 善款来自男性捐赠人

根据腾讯公益平台数据，2014 年，接收捐赠最多的是医疗卫生类项

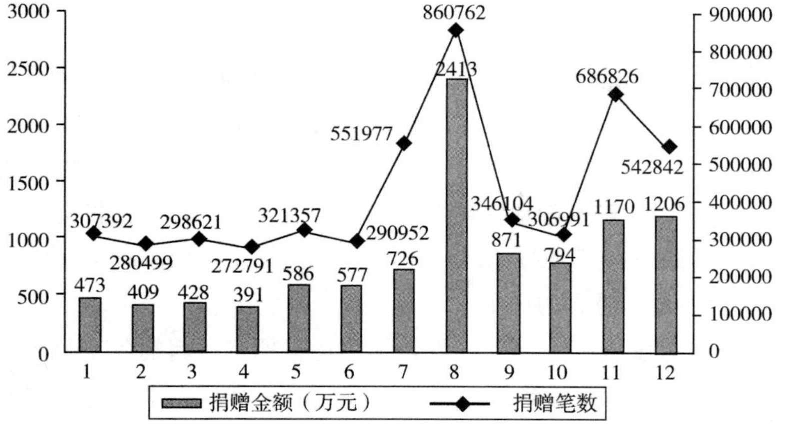

图 11－10　腾讯公益平台捐赠月度分布

目，共接收善款 3424 万元，占比 34.09%；其次是扶贫助困类项目，募捐善款 2276 万元，占比 22.66%；教育类项目接收善款 2026 万元，占比 20.18%。

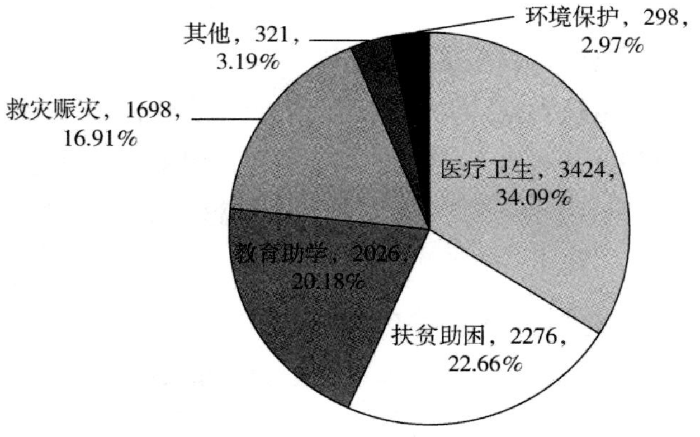

图 11－11　腾讯公益平台捐赠领域分布

根据 2014 年 9 月腾讯发布的《腾讯慈善大数据》，通过腾讯公益平台捐款人次排名最多的省份依次是广东、江苏、浙江、山东、福建、四川、河北、河南、北京，其中 80% 的捐款来自男性，15—29 岁年龄段捐款人群占比 79%。报告还指出，那些有望治愈、有望实现的项目往往更会得到关注；捐款项目也有马太效应，网友更青睐募款情况较好的项目；低于 1 万元的慈善项目几乎都能募捐到全款，而数额超过 6 万元的项目则难以成功。

（二）微信支付为腾讯公益开启新入口

微信在 2013 年 8 月开通了在线支付功能，通过手机微信与银行卡的绑定，可以轻松快捷进行网络支付。微信支付上线后，腾讯公益基金会利用微信支付功能进行了首次公益筹款的试水，用户在十几秒钟就能完成一次线上捐赠，将随手随时随地捐款变成了可能。此外，微信支付衍生出来的微信红包让“抢红包”成为微信平台上火爆的互动，而抢到的小额红包也往往成为网友奉献爱心的理由。

在微信捐助通道里，还专门设置了“邀请朋友一起捐”子目录。先点击“一起捐”，设置筹款数目，比如“200 元”。然后点击“邀请朋友一起捐”键，可以直接将跳转页面发送给微信朋友，也可以分享到“朋友圈”。这样，捐赠者的朋友或朋友圈里可以直接看到其红色的“捐助箱”求助信息，点击进入主页后完成捐助。2014 年，通过微信共发起 282435 次一起捐，参与的捐赠人数为 415163 人，平均每个一起捐有 1.47 个人响应。如今，动动手指，就能让微信钱包里的闲钱捐赠给腾讯公益平台上的求助项目，帮助更多的人，而每一笔捐款和项目进程都能在活动页面中及时显示，让公益项目更透明，披露更及时。

微信支付的开启极大地推动了慈善捐赠的无线化，2014 年，通过移动平台捐赠的人数和金额都远远超过了 PC 平台，59% 的人通过微信客户端捐赠了 65% 的善款，达到 6502.74 万元，相信这一数字在 2015 年会有更大幅度的提升。

（三）腾讯公益平台公益项目

表 11－6　腾讯公益平台“乐捐”项目 TOP20

序号	腾讯乐捐项目 TOP20	捐赠金额（元）
1	驰援云南我们壹起	8322815.56
2	紧急驰援鲁甸地震	3058163.28
3	鲁甸地震紧急救援	2956162.35
4	村寨孩子的自由天空	2558151.31
5	圆孩子运动梦想	1721969.8
6	抗战老兵关怀	1638447.27

续表

序号	腾讯乐捐项目 TOP20	捐赠金额（元）
7	为埃博拉疫区的儿童	1561746.23
8	抗战老兵关怀	1532619.96
9	抢救天才设计师	766317.7
10	村小的“世界杯”	745428.92
11	真爱梦想课堂	713311.36
12	老有所衣暖乡行动	689904.45
13	重病孤儿救助	65973958
14	1 斤半早产儿求生	54276261
15	2 岁 12 次化疗	500411.85
16	为一亿棵梭梭树行走	466189.61
17	希望工程助学昭通	420514.35
18	抢苹果 6G 赢苹果 6	412271.87
19	大凉山母亲的希望	391460.56
20	鲁甸灾后儿童关爱	368461.01

表 11－7　腾讯公益平台“月捐”项目 TOP16

序号	腾讯月捐项目 TOP16	捐赠金额（元）
1	贫困孤儿助养	7618000.01
2	免费午餐小善大爱	4908895.08
3	困境儿童关怀	4751976.24
4	先心儿童的心生	2564517.48
5	为饥饿儿童送营养	1447740.54
6	贫困白内障的光明	1235624.97
7	爱心包裹学生圆梦	1231133.18
8	关怀贫困母亲	981940.19
9	幸福家园生态扶贫	909957.2

续表

序号	腾讯月捐项目 TOP16	捐赠金额（元）
10	贫困聋儿康复	864488.1
11	病残孤儿重获新生	469613.58
12	保护高黎贡山	369926.04
13	重塑孩子微笑	356923.32
14	快乐阅读伴成长	289604.25
15	消除婴幼儿贫血	169960.66
16	乡村学生的梦想书屋	46179.07

五、网络捐赠的几种路径与特征

通过对中国网络捐赠市场的研究，根据筹款方式，网络筹款可以被分为慈善组织官网筹款、第三方网络劝募平台筹款、电商平台筹款和公益众筹平台 4 种方式。4 种筹款方式各有自己的特点，捐赠对象、捐赠额度、资源分配都有差异，但是它们都离不开第三方电子支付手段的参与。

慈善组织官网筹款也叫独立网络劝募，以慈善组织官网为劝募媒介，设置捐赠通道来进行劝募，但是这种方式受到官网本身点击量和影响力的限制，并不能起到很好的传播和募捐效果。

第三方劝募平台主要是由互联网企业发起，依托本身互联网资源，与慈善组织深度合作，利用网络力量来凝聚大众的慈善力量，通过各种捐赠项目进行募款。这一类的劝募平台有新浪微公益、腾讯公益、支付宝 E 公益以及 51give 专业的第三方劝募平台。

电商平台劝募是将传统的网络购物与行善结合，将购买服务和商品变为购买公益目的，通过打动购买者来为慈善募捐活动进行筹资。现有的电子商务模式包括淘宝公益、天猫商城和京东商城。目前，包括中国扶贫基金会、免费午餐基金、壹基金、爱德基金会等公募基金会和慈善项目在淘宝和天猫商城开设了公益网店，出售慈善项目和商品。中华红丝带基金在京东商城开设了公益网店，出售“母婴平安包”等公益商品。

国内众筹项目开始于2011年，点名时间、众筹网等多个众筹网站陆续宣告成立。后来淘宝、京东、苏宁等相继上线了众筹平台，并纷纷开通公益众筹板块，受到广大用户的追捧。根据瑞森德与众筹网联合发布的《2014中国公益众筹研究报告》分析，2014年众筹成功的公益项目总计299个，公益众筹行业全年筹资额超过1272万元，与传统公益不同之处在于，公益众筹项目多具有创新、快乐、正能量等特点。

图11－12　四种网络捐赠模式对比分析

竞争性：竞争性是从筹款人的角度来看的。第三方平台和公益众筹都是提供募捐的网络平台，个人可以发起求助或公益项目，因此个人的参与程度最高，所以，在第三方平台和公益众筹平台获得捐助需要自己的项目在众多的项目中脱颖而出，竞争比较激烈，而基金会独立网站劝募和公益网店都需要严格的审核或雄厚的实力，进入壁垒较高，竞争性较低。

筹款周期：基金会拥有对自有网站和公益网店的管理权，一个项目能够长时间募款；而第三方平台上的项目和公益众筹项目都有时间限制，尤其是公益众筹项目募捐时间往往在2个月以内，时间较短，不适合长期募捐项目。

募款成本：基金会官网需要建立网站并运营维护，成本较高；淘宝网店需要管理，虽没有费用但需要较多的人力资源；第三方平台和众筹平台对于公益劝募都是免费的，管理比较简单，因此成本最低。

可信度：公募基金会都是按照有关法律在民政部门注册的，通过严格的审批和审核，其官网是可信度最高的；第三方劝募平台是由知名的互联网企业发起，并对劝募项目进行审核批准才可以上网募捐，并且由公募基金会发起或认领，可信度高；电子商务募捐和公益众筹可以由个人发起，对于其资质和善款使用方面存在质疑，可信度较低。

募款额度：慈善组织官网和第三方平台都是专门的网络筹款模式，而公益网店和众筹平台是利用电子商务的模式进行募捐，专业性不及前两者，所以在筹款能力上略差。基金会官网收到的大额捐款较多，并且，登录基金会官网捐款者具有持续的捐助能力和捐赠习惯；登录第三方平台捐款的捐款金额小，但是网民数量大，并有持续性如“月捐”，所以募得的资金额较大；淘宝网店公益宝贝与店家促销和营销策略有关，一般金额很小；众筹网目前开展的项目数额都比较小，一般不超过 10 万元。

六、“互联网 + 慈善” 亟待发力

互联网是当前“社会创新，大众创业”的重要驱动力量。李克强总理在国务院常务会议上不止一次说道：“中国有近 7 亿网民，互联网市场巨大。集众智可以成大事，要充分发挥‘中国智慧’的叠加效应，通过互联网把亿万大众的智慧激发出来。”“互联网 + ”是当前从政府到社会普遍关注并广泛讨论的议题，以互联网培育发展新的业态新模式，已经覆盖从工业生产到人民生活的方方面面，而互联网也给传统产业和生活方式带来了巨大的变革。

如今，互联网已经深入生活的方方面面，“互联网 + 慈善”也成为近期公益慈善领域的热点话题。但相比较于其他领域，公益慈善领域与互联网的结合还停留在比较低级的阶段，主要表现在以下几点。

一是“互联网 + 慈善”目前仅仅是通过互联网进行信息传播和募捐，互联网以媒介的身份与慈善事业结合，还未出现触及根本的思维方式与行动之上的变革。

二是“互联网 + 慈善”仍然是由几家大型互联网企业所主导，并作为企业履行社会责任提升企业形象的角色，产品的同质化程度较高，体验度不足，更新迭代较慢。相比较其他行业的产品与应用层出不穷，公益慈善

领域的互联网产品和平台少之又少，缺乏紧跟时代脚步的创新。

三是公益慈善领域的主战场仍在线下，互联网平台“雷声大，雨点小”。从慈善捐赠来看，中国年均捐赠总量在千亿元级水平，另外有6500万常态化志愿者。但是通过互联网实现的捐赠还不到1%，绝大部分志愿者也未被纳入信息化管理。有效的“救助”与“求助”信息对接机制和平台仍未建立起来，现实中往往出现“资源无出路”、“项目无收入”的尴尬现象，互联网的最大优势是信息的低成本高速流通，但是这一优势在公益慈善行业仍受到种种阻碍，无法施展拳脚。

互联网化是任何人都无法阻挡的趋势，“互联网 + 慈善”给公益慈善事业带来的改变是更加高效、实时更新、互动参与、公开透明，互联网带来的是新的行业链条的建立和整个市场环境的变革，最终改变人们参与公益、消费公益的习惯。公益慈善募捐要建立客户意识，更需要考虑产品的差异化个性化，同时遵循市场规律，在创新中改变，在改变中发展，这样的公益产品才能得到捐赠人的认可和信赖，才能够在瞬息万变的市场中取得一席之地。

图 11－13　“互联网 + 公益”与其他领域对比

第五篇　境外捐赠

第十二章　境外组织及个人对华捐赠报告

据不完全统计，在世界经济复苏艰难的总体环境下，中国仍获得了境外非政府组织及个人的捐款近20亿元（不含外国企业和政府捐赠）。超过9成的捐款来自中国香港和美国，捐赠者关注度最高的3个领域分别为教育、人群服务和减灾救灾。2014年，境外非政府组织和个人对华捐赠呈现一系列新趋势，如组织管理更加规范、华人华侨文物捐赠继续保持热度等。境外非政府组织及个人对华捐赠的模式较为传统，新模式亟待进一步探索。

一、境外捐赠内外局势复杂

（一）世界经济复苏艰难

境外对华捐赠与世界经济形势有着密切联系。根据国家统计局国际统计信息中心相关分析，2014年，发达经济体经济运行分化加剧，发展中经济体增长放缓，世界经济复苏依旧艰难曲折。世界经济环境将一定程度影响捐赠的踊跃程度和捐赠力度。

根据中国国家统计局数据，2014年初，各主要国际组织纷纷下调对世界及主要经济体经济增长率预测值。按汇率法GDP加权汇总，联合国2014年12月份预测，2014年世界经济将增长2.6%，增速比上年小幅加快0.1个百分点，但比7月份预测值下调0.4个百分点；世界银行2015年1月份预测，2014年世界经济将增长2.6%，增速比上年小幅加快0.1个百分点，比6月份预测值下调0.2个百分点；共识公司2014年12月份预测，2014年世界经济将增长2.6%，增速与上年持平，比11月份预测值下调0.1个百分点①。

① 中华人民共和国国家统计局。

表 12－1　各国际组织近期下调世界及主要经济体经济增长率预测值（%）①

	2012 年	2013 年	2014 年	与上次预测差值
联合国（2014 年 12 月）				
世界	2.4	2.5	2.6	－0.4
发达经济体	1.1	1.2	1.6	－0.3
发展中经济体	4.8	4.8	4.3	－0.8
世界银行（2015 年 1 月）				
世界	2.4	2.5	2.6	－0.2
英国共识公司（2014 年 12 月）				
世界	2.4	2.6	2.6	－0.1

注：2014 年为预测数据。联合国、世界银行和共识公司上次预测分别为 2014 年 7 月、2014 年 6 月和 2014 年 11 月。世界总计均为按汇率法 GDP 加权。

另外，据联合国最新预测，2014 年，世界贸易量预计增长 3.4%，比 7 月份预测值调低 1.3 个百分点，虽略高于上年的 3%，但大大低于国际金融危机前约 7% 的平均水平。波罗的海干散货运指数回落。2014 年，波罗的海干散货运指数基本在海运平衡点（2000 点）以下波动回落，从 1 月 2 日的 2113 点降至 12 月 24 日的 782 点，累计下降 62.9%。

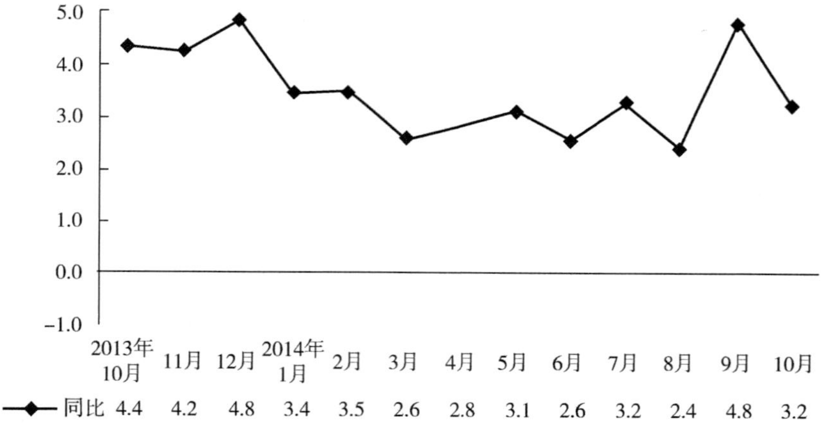

图 12－1　世界贸易量同比增长率（%）②

① 中华人民共和国国家统计局。

② 中华人民共和国国家统计局。

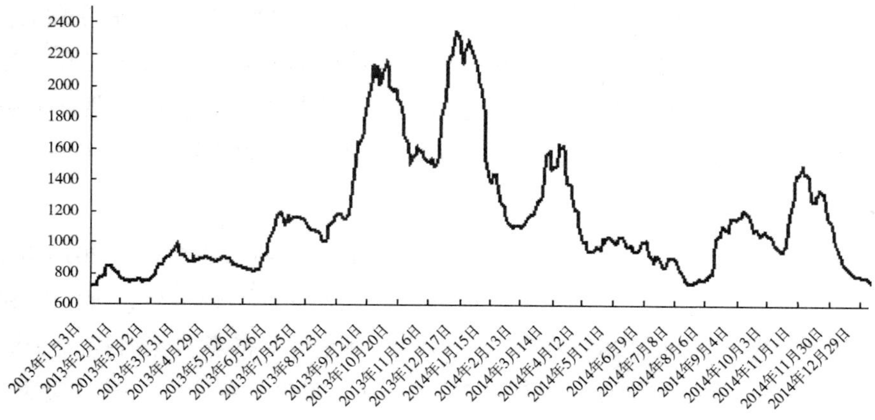

图 12－2　波罗的海干散货运指数（%）[①]

（二）国内将对境外在华组织加强管理

1. 社会组织在法律及管理方面进一步趋于规范，《2014 年民政工作要点》中，关于境外非政府组织的内容主要涉及法律法规、登记审批等流程两大方面。

表 12－2　《2014 年民政工作要点》中涉及境外非政府组织的部分

领域		具体内容
法律依据		修订出台和贯彻实施《社会团体登记管理条例》； 推动《基金会管理条例》、《民办非企业单位登记管理暂行条例》修订工作
具体流程	登记	制定并落实社会组织分类标准和四类社会组织直接登记的具体办法； 会同有关部门研究做好境外非政府组织代表机构登记管理工作
	审批	取消对社会团体筹备成立和社会团体分支（代表）机构设立、变更、注销登记的审批； 下放基金会和异地商会登记审批权限，由省级以上民政部门登记管理改为县级以上各级民政部门登记管理
	监管	探索对离岸社团、网络社团的监管措施； 提出规范境外非政府组织代表机构和外国商会登记管理

① 中华人民共和国国家统计局。

另外，在2014年12月，《关于促进慈善事业健康发展的指导意见》（国发〔2014〕61号）发布。《意见》涉及境外慈善捐助税收的内容，提出，对境外向我国境内依法设立的慈善组织无偿捐赠的直接用于慈善事业的物资，在有关法律及政策规定的范围内享受进口税收优惠。

（三）社会组织行政审批简化成趋势

在简政放权的大背景下，对社会组织的行政审批逐渐简化。2014年，我国对境外社会组织管理的主要依据仍然是《外国商会管理暂行规定》和《基金会管理条例》[①]。2013年11月8日，国务院发布了《国务院关于取消和下放一批行政审批项目的决定》（国发〔2013〕44号），该《决定》取消了民政部对全国性社会团体分支机构、代表机构设立登记、变更登记和注销登记的行政审批项目。

2014年9月24日，民政部副部长顾朝曦在接受中国政府网访谈时表示，民政部门2014年要调整一些行政审批事项，其中包括取消全国性社团成立前筹备时的审批；取消社会工作者职业水平评价。

（四）中国政府对境外在华社会组织摸底

党的十八届四中全会提出加强在华境外非政府组织管理，引导和监督其依法开展活动。2014年9月6日，国务院发布《国务院关于授权国务院民政部门负责境外非政府组织在中国境内活动登记管理工作的通知》（国发〔2014〕36号），授权民政部门负责境外非政府组织在中国境内活动的机构登记和许可工作，并负责监督管理执法。机构登记、活动许可和监督管理的具体办法由民政部门制定。

根据媒体报道，2014年第四季度，四川、山西、安徽、福建、广东等地民政系统陆续发文，要求规范社会组织与境外非政府组织合作。要求对曾经、正在或即将在华开展活动的境外非政府组织进行梳理排查。全面梳理组织、人员、中方合作单位、项目和资金等情况。包括外国和我国港、澳、台地区依法成立的协会、学会、商会、联合会、联盟、基金会、研究院（所、中心）等非政府非营利组织或慈善组织及其驻华代表机构。

---

① 2015年4月，第十二届全国人大常委会第十四次会议审议了《中华人民共和国境外非政府组织管理法（草案二次审议稿）》，并随后向社会公开征求意见。

为规范境外非政府组织在中国境内的活动，保障其合法权益，促进交往与合作，国务院提请全国人大常委会审议境外非政府组织管理法草案。

（五）数据说明

本章涉及的“境外捐赠”包括两大类：一是境外社会组织对中国大陆地区的捐赠、项目资助；二是境外个人对中国大陆地区的大额捐赠。境外企业捐赠、境外个人的小额捐赠未纳入分析样本。

“境外非政府组织”、“境外慈善组织”等在本报告中统一使用“境外组织”指称。

样本数据主要来源有三：一是2014年度对于新闻媒体报道的捐赠数据整理，二是境外基金会数据，三是在中国开展项目的境外组织年度报表。

数据统计的时间范围为2014年1月1日至2014年12月31日。捐赠包括实际捐赠和承诺捐赠，包括资金捐赠和物资捐赠。外币以2014年12月31日汇率折算为人民币。

数据统计的地域范围为除中华人民共和国大陆地区外的所有国家和地区，包括中国港澳台地区。

由于境外对华捐赠数额较大，涉及国家和领域较多，无法一一统计，恐有诸多遗漏。报告将针对已统计到的部分数据，对境外对华捐赠情况作一定梳理与分析。

二、境外组织及个人捐赠概况

（一）境外组织及个人捐赠近20亿元

分析样本中，2014年境外组织及个人对华捐赠接近20亿元，为195733万元。其中，货币捐赠占绝大多数，约为194164万元，占总额的99.2%；物资捐赠约为1370万元，占总额的0.7%；款物捐赠约为200万元，占总额的0.1%。据不完全统计，2013年境外组织及个人对华捐赠为254966万元。

值得注意的是，由于分析样本中的数据为不完全统计，2014年度境外组织及个人捐赠金额应高于20亿元。另外，由于文物价值缺乏估价，未进入统计。

（二）境外在华社会组织多数未登记注册

从数量上看，境外、涉外且在华的社会组织占比较小，大部分未在相关部门登记注册。根据民政部的数据，全国经登记注册，有相关主管部门的境外社会组织数量不足 100 个。根据“中国社会组织”网站提供的数据，2014 年全国共有国际性社团 30 个，境外基金会代表机构 29 个，外国商会 20 个，涉外基金会 9 个。“观察者网”相关报道称，据不完全统计，在我国长期活动的境外社会组织有 1000 个左右，加上开展短期合作项目的组织数量，总数可能多达 4000—6000 个①。大部分在中国境内活动的境外、涉外社会组织未在相关部门登记注册，缺乏相应的管理。

据不完全统计，每年通过境外非政府组织流入我国的活动资金可达数亿美元，其活动范围涉及扶贫、助残、环保、卫生、教育等 20 多个领域②。境外捐赠成为一部分国内社会组织的资金主要来源。以中华慈善总会为例，2014 年 9 月 22 日，中华慈善总会常务副会长王树峰表示，该机构款物 9 成来自境外捐赠③。据报道，中华慈善总会 2013 年募款金额首次超过 100 亿元人民币，2014 年募款总额并未减少。粗略估算，2014 年中华慈善总会接收来自境外的款物应超过 90 亿元人民币。

从统计到的数据及相关资讯中可以看到，境外组织和个人捐赠的目的主要有三点。一是解决中国目前存在的民生问题、社会问题；二是以中国为支点，撬动其他发展中国家慈善事业发展；三是推动中国慈善模式创新，成为世界慈善模式的孵化地。

（三）超 9 成捐赠来自中国香港和美国

从地域上来看，分析样本中的境外组织和个人对华捐款主要来自中国香港、美国、中国澳门、英国、中国台湾、泰国、阿联酋、加拿大等国家和地区。其中，来自中国香港和美国的捐赠占样本总量的 93.93%。

---

① 此处数据未找到准确来源，但是数据被各大媒体广泛引用。本文采用“观察者网”中的数据作参考。

② 同上。

③《北京晨报》，2014 年 9 月 23 日。

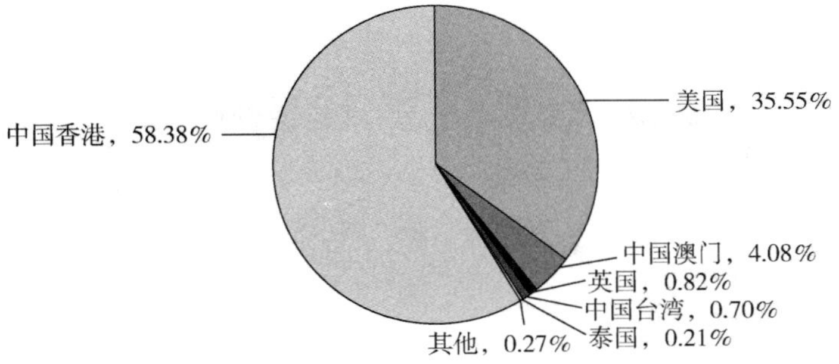

图 12-3　各国家和地区社会组织及个人对华捐赠情况（%）

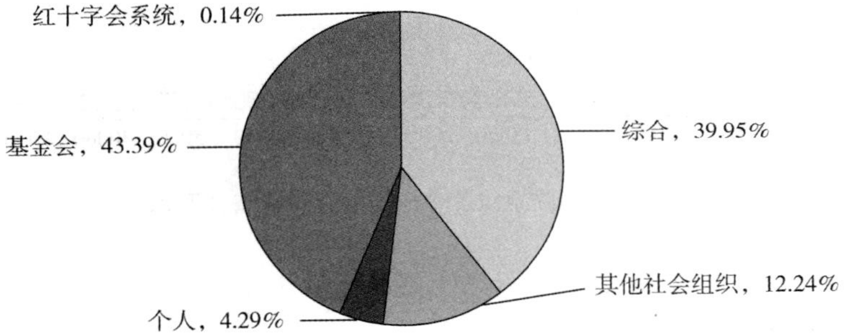

图 12-4　各类境外组织和个人对华捐款情况（%）

根据分析样本，在提供捐赠的各类境外社会机构中，基金会占比最大，达到样本总量的 43.39%，金额约为 78200 万元；其次为综合捐赠，占比为 39.95%；再次为其他社会组织捐赠，占比 12.24%。

（四）捐赠关注教育、人群服务、减灾救灾领域

根据分析样本，境外组织及个人对华捐赠主要流向教育领域，金额达 44337 万元，占总额的近半数，为总额的 45.59%；其次为人群服务，金额达到 12805 万元，占总额的 13.17%；再次为减灾与救灾，金额达到 10324 万元，占总额的 10.62%。

在减灾与救灾方面，境外捐赠主要关注 2014 年 8 月的云南鲁甸地震，港澳台同胞及印尼华侨则更关注大陆沿海地区台风灾害。相比于国内捐赠，境外捐赠对科学研究和倡导、公民人权、社区发展等领域表现出了重视。在公共事业、文化艺术、社会发展等方面，统计到的捐赠数额较少。

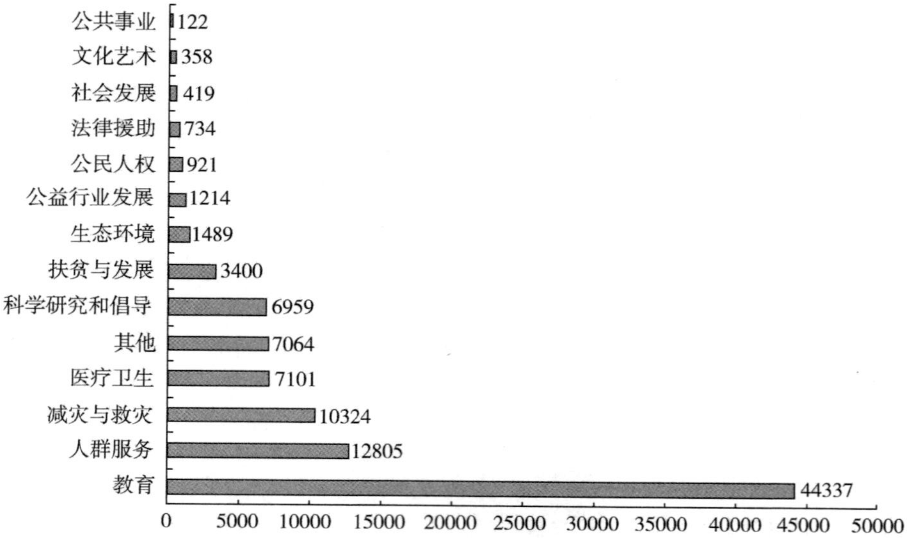

图 12－5　境外组织及个人捐赠流向领域（万元）

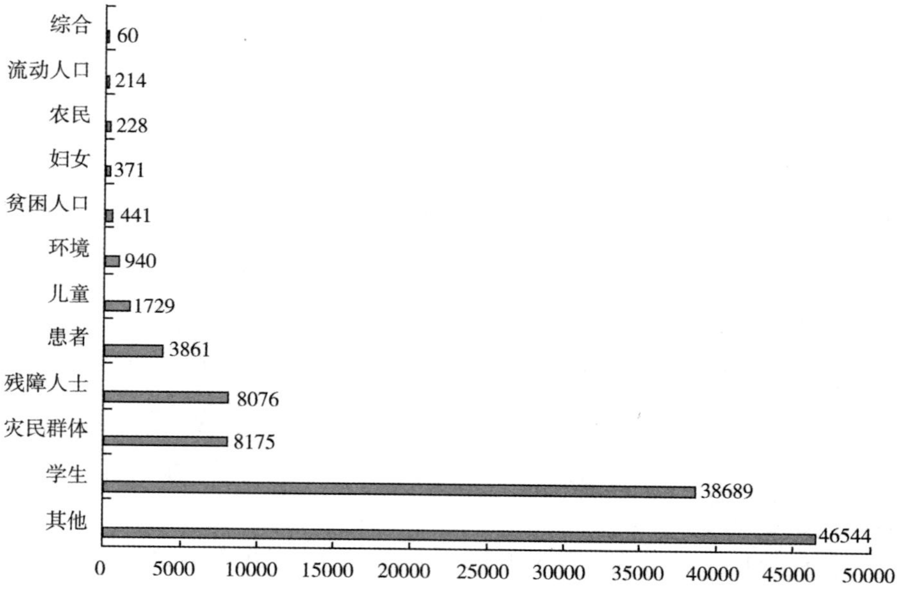

图 12－6　境外组织及个人捐赠受益人群（万元）

根据分析样本，境外组织及个人对华捐赠主要受益方类别为“其他”，具体包括法律援助、公共事业、公民人权、公益行业发展、科学研究和倡导、社区发展、文化艺术等领域相关的抽象的受益者[①]；金额为46544万元，占总额的42.57%；其次为学生群体，获得38689万元捐赠，占总额的35.39%；随后为灾民群体，获得8175万元的捐赠，占总额的7.48%。受到关注较少的群体为流动人口和农民，所得捐款占分析样本总额的0.41%，仅为442万元。

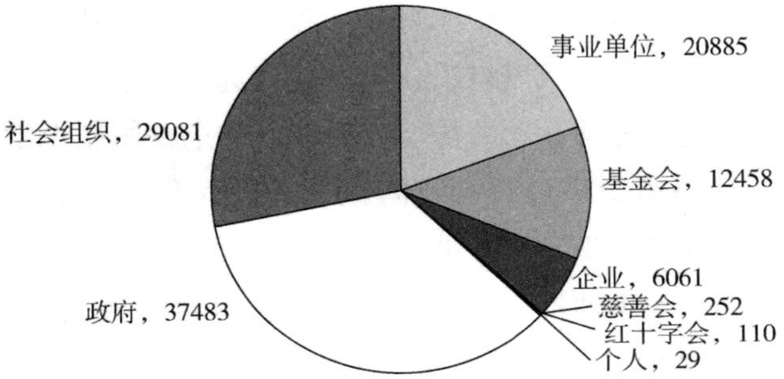

图12－7　境外组织与个人捐赠接收主体情况（万元）

由于分析样本来自不完全统计，部分数据未查明具体接收方。上图以可查明接收单位的捐赠为样本。根据此样本，境外组织及个人捐赠主要流向我国政府，由各级政府接收的捐赠金额为37483万元，占总额的35.00%；其次为各类社会组织，共接收捐赠29801万元，占总额的27.83%；最后为事业单位，接收捐赠20885万元，占总额的19.50%。个人、红十字会系统等接收的境外组织及个人捐赠较少。

三、境外组织及个人对华捐赠新特点

（一）对境外在华非政府组织更加规范

2014年10月，党的十八届四中全会提出，加强在华境外非政府组织管理，引导和监督其依法开展活动。2014年12月25日，十二届全国人大常委会第十二次会议对国家安全法草案进行了初次审议。常委会组成人员

① 除此之外的受益群体均为自然人概念。在受益群体划分中，以人的自然属性，如性别、年龄、健康与否等作为首要划分标准，再考虑经济条件等标准。部分群体同时具备多个特征，如同时为残障人士和儿童，则仅以儿童划分，不再重复统计为残障人士。

普遍认为，制定国家安全法是适应维护国家安全新形势新任务的需要，是维护国家主权、利益和社会稳定的需要，是构建国家安全法律制度体系、加快国家安全法制建设的需要，非常适时、十分必要。这部法律的制定和实施必将为维护国家安全提供坚实的法律制度保障①。

根据中国人民公安大学教授王存奎观点，有关资料显示，目前在我国活动的数千家境外非政府组织中，有政治渗透背景的有数百家。现有的调查结果表明，少数境外非政府组织在我国境内进行合法活动的同时，不同程度上也存在着进行非法活动的情况，如曾经在东欧剧变中发挥重要作用的一些境外非政府组织通过直接或间接渠道进入我国活动，利用文化交流、捐资助学、项目培训等手段进行意识形态领域的渗透，收集我国的政治、经济、科技、军事情报，在我国内部培养西方代理人和政治反对派；通过插手我国人民内部矛盾和纠纷，特别是以开发援助、扶持困难群体为名，抓住工人失业、农民失地、城市拆迁、退役军人等涉及民众切身利益的具体问题，以“维权”相号召，制造舆论，混淆视听，煽动民众同党和政府产生对立情绪；或者支持参与策划街头政治、民族分裂等活动。这些活动都对我国的国家安全和社会政治稳定带来了一定程度的威胁和危害②。

2014 年，国务院提请全国人大常委会审议《中华人民共和国境外非政府组织管理法（草案)》。草案规定了境外非政府组织在中国境内设立代表机构和开展一次性临时活动的申请登记许可程序，确立了政府有关部门及其授权的组织为境外非政府组织依法开展活动提供政策咨询、业务指引、活动便利的法律义务，为保证和规范境外非政府组织在中国境内合法开展活动、促进交流与合作提供法律保障，草案还对境外非政府组织违反本法规定的行为，明确了相应的法律责任③。

（二）国内捐赠“借道”海外

2014 年，马云和蔡崇信宣布将其持有的阿里巴巴 2% 的股权捐赠并在新加坡成立慈善信托。马云表示：之所以捐赠到海外，是考虑到目前中国

---

① 中华人民共和国中央人民政府网站。

② 王存奎接受《中国社会科学报》采访，2014 年。

③ 新华网，公安部副部长杨焕宁关于草案的说明，2014 年 12 月 22 日。

公益慈善基金设置制度尚未完善，而且捐赠的是海外上市公司的资产，为了方便早日开展工作，所以只能先把基金注册在国外，等待国内机构的设立后进入工作。他还表示已与蔡崇信达成共识，捐赠的绝大部分将用于中国的环境保护、教育、医疗卫生和中国公益基础建设和公益人才培养上。

2014 年 7 月，SOHO 中国基金会宣布设立“SOHO 中国助学金”，与哈佛大学签订 1500 万美元“SOHO 中国助学金”协议。10 月，其又与耶鲁大学签订了金额为 1000 万美元的“SOHO 中国助学金”协议。两次捐赠金额高达 2500 万美元，折合人民币约 1.55 亿元。SOHO 中国基金会表示此次捐款用途十分明确，助学金的申请对象是中等家庭收入以下的中国学生，被哈佛大学录取后，符合条件者都可以申请。

之所以出现这种捐赠人向国内捐赠，却需要“借道”海外的情况，原因之一在于中国现有的捐赠制度。中国大陆地区将股权捐赠等同于销售，捐赠方与接收方都需要纳税，使得慈善捐赠的成本很高。

在此之前，华人华侨在国外高校设立奖学金，以资助中国籍学生的做法较为常见。如华侨企业家秦杰克在澳大利亚昆士兰大学商学院投资设立华人学生奖学金等。

（三）华人华侨文物捐赠成热潮

据国务院侨务办公室数据显示，2014 年海外华侨华人已超过 6000 万人，分布在全球 198 个国家和地区。另外，还有 3000 多万归侨侨眷生活在中国各地。有较大影响力的各类华侨华人社团逾 2.5 万个，全球华文学校近 2 万所，数百万学生在校接受华文教育，海外华文学校教师达数十万。据统计，中国“千人计划”引进的近 3000 名海外高层次人才中，94% 以上是华侨华人①。作为中国现代社会经济发展的重要智力资源，广大华侨华人在开拓国际经济科技合作、推动祖（籍）国慈善捐赠事业等方面发挥着巨大作用。

改革开放以来，海外华侨华人及港澳同胞为中国国内公益事业累计捐赠的款物总额超过 900 亿元人民币，其中绝大部分用于基础设施建设、文教、救灾等领域②。值得注意的是，过半华侨捐赠流入广东省，改革开放

① 中国社会科学网，2015 年 3 月 11 日。

② 同上。

以来累计超过500亿元人民币，占全国侨捐总数约6成。近几年来，广东省侨捐资金每年均超过10亿元①。

2014年，华人华侨文物捐赠形成热潮。根据分析样本，来自印尼、美国等国家和地区的个人，向各博物馆捐赠文物，包括华侨史料和华侨文物、非洲及北美洲珍稀野生动物标本、唐代墓志、抗日战争文物等。接收单位以博物馆为主，如广州市华侨博物馆、陕西自然博物馆、宁夏固原博物馆、江门五邑华侨华人博物馆等。

据美国《侨报》报道，截至2014年，旧金山华侨华人无偿向中国捐赠逾4000件华侨文物和抗战文物。华侨华人文物入藏了中国30多个博物馆、图书馆。据中国文物网报道，近20年来，通过拍卖业回流的中国文物已经超过10万件，其中不乏重要的国宝级文物②。

海外华侨华人这种捐赠文物的行为，体现了海外侨胞对中华文化的热爱，彰显海外侨胞的民族情结、历史使命感和正义感。

（四）捐赠新模式亟待进一步探索

根据分析样本，项目资助和其他定向捐赠仍然是境外组织和个人习惯采用的捐赠方法。据不完全统计，项目资助型捐赠金额约为4.22亿元，其他定向捐赠金额约为4.19亿元。而成立基金会、设立专项基金的捐赠方式较为少见，金额也较低。

2014年，社会投资平台以竞赛方式选择社会企业进行资助变得更为普遍。2014年9月，英国大使馆文化教育处与中国9家基金会、社会投资机构共同设立的新一期社会投资平台启动，平台面向大陆和香港地区的社会企业，通过筛选和商洽，为胜出机构提供培训、总额为1000万元人民币的社会投资及投资机构导师团队辅导机会。英国大使馆文化教育处与中国9家机构共同设立的社会投资平台，也是国际与国内社会企业界合作的成果。2个平台正在寻求更加落地的社会企业特许权经营和社企硅谷投资培育模式。

2014年3月28日，国家主席习近平在海南省博鳌国宾馆会见比尔·盖茨。盖茨表示，盖茨基金会仍会持续增加对中国的投入，希望可以撬动

---

① 海外网，2014年12月1日。

② 中国文物网。

中国的创新力量造福更多世界上贫困的人口。盖茨基金会在中国最主要的规划和挑战，一方面是继续推进中国的结核病、艾滋病的防治，以及控烟工作，另一方面是找到中国的创新者，将他们的创新成果引入其他贫困国家。这其中一个巨大的挑战是中国的监管机制还不完全与世界接轨，有很多时间和精力要花在不同规范的协调上①。

（五）“一带一路”或将改变境外对华捐赠格局

习近平总书记在2014年9月和10月分别提出建设“新丝绸之路经济带”和“21世纪海上丝绸之路”的战略构想，强调相关各国要打造互利共赢的“利益共同体”和共同发展繁荣的“命运共同体”。据中国经济网报道，2013年中国与“一带一路”国家的贸易额超过1万亿美元，占中国外贸总额的1/4。过去10年，中国与沿途国家的贸易额年均增长19%。未来5年，中国将进口10万亿美元的商品，对外投资将超过5000亿美元，出境游客数量约5亿人次，周边国家以及丝绸之路沿线国家将率先受益。

除经济合作发展外，中国与“一带一路”国家的合作将逐渐向多元化、专业化发展。以往境外对华捐赠的资金多来自北美洲和欧洲。今后，在扶贫、文化、教育、医疗、民生等多个领域中，中国与“一带一路”国家或将出现更多国际慈善发展的可能性。据新华网报道，中国各地一批与中亚各国合作的民生项目已受到青睐。

① 闫冰，《公益时报》，2014年4月1日。

附录一

2014 年度中国慈善捐助大事记

1 月

《北京市促进慈善事业若干规定》正式实施

1 月 1 日，《北京市促进慈善事业若干规定》正式实施。规定提出，政府应该通过规范和监管加强对慈善事业的引导和支持，以及公募基金会以外的其他慈善组织需面向不特定的社会公众公开募集财产的，应当与公募基金会联合开展活动。

周筱赟质疑嫣然天使基金

1 月 6 日，周筱赟在网上举报，称嫣然天使基金存在黑幕，7000 万元善款下落不明，涉嫌利益输送等，并向民政部发出信息公开申请，要求公开嫣然天使基金 2006—2012 年年度审计报告和年度工作报告全文。1 月 20 日晚，嫣然天使基金在其官方网站上发布《嫣然天使基金对周筱赟不实言论的调查报告》，再次公示筹建医院的基本账目。

《关于鼓励支持民营企业积极投身公益慈善事业的意见》

1 月，民政部和全国工商联联合发文《关于鼓励支持民营企业积极投身公益慈善事业的意见》，鼓励民营企业通过捐赠有价证券、专利、技术及公益信托等新方式参与慈善事业。

“中华慈善奖终身荣誉奖”获得者邵逸夫 1 月 7 日辞世

邵逸夫是香港电视广播有限公司（TVB）的荣誉主席。据统计，自 1985 年起邵逸夫持续不断地在内地捐资助学，至今已助建了 4888 个大中小学校舍等项目。以“逸夫”两字命名的教学楼、图书馆、科技馆及其他文化艺术、医疗设施遍布中国各地。1985 年后，邵逸夫平均每年都拿出 1 亿多港元用于支持内地的各项社会公益事业，20 多年来共向内地捐赠了 34 亿港元。其于 2002 年 11 月创立“邵逸夫奖”，用以资助全球造福人类的杰出科学家进行研究，目前基金总额已高达 50 亿港元。首届颁奖礼 2004 年 9 月 7 日在香港举行。

2 月

政府出台志愿服务相关文件

中央文明委推出《关于推进志愿服务制度化的意见》和《社区志愿服务方案》，提出要建立健全志愿服务的招募注册、培训管理、培训激励、使用保障等各项制度，推进社区志愿服务活动经常化和制度化。

“五水共治”活动引领浙江环保捐赠

2 月以来，浙江省开展“五水共治”为主题的募捐活动，掀起生态环境领域的捐赠热潮。截至 2 月底，丽水市“五水共治”活动共筹集善款 9418. 5 万元。兰溪市“五水共治”活动共筹集善款 5538 万元。3 月宁波市宁海“万企联千村、全民治污水”千人现场会共募集善款 1. 57 亿元，其中企业家捐款 1. 55 亿元。4 月浙江省瑞安市“五水共治”建设美丽浙南水乡大会共筹集到 1. 3 亿元。

何享健捐赠 2 亿元，与北滘镇政府合作建公园

2 月 28 日，广东省何享健慈善基金会成立。美的集团董事局主席何享健拟出资 2 亿元，与佛山市顺德区北滘镇政府在新城区合建公园。这是何享健继 2013 年捐资 1 亿元建设善耆养老院后的又一慈善大手笔。

广西北流市教育发展大会再获 1. 1 亿元善款助学助教

2 月 28 日，在北流市教育发展大会上，北流市共收到工商企业老板以及商会、慈善会等各种社会团体组织捐款 27 笔，合计 1. 1325 亿元，创下近年来北流市一次性捐资助学募集金额的新纪录。

3 月

慈善法立法工作持续推进

两会期间，全国人大常委会专门成立慈善法草案起草领导小组，领导小组召开慈善法立法研讨会，邀请有慈善法规立法经验的地方机关、民政部门代表和专家对立法过程中的重大问题进行初步讨论，计划在年底前完成草案，并在 2015 年提交全国人大常委会审议。

4 月

成龙生日慈善晚宴筹集 7055 万元，用于支持中国电影的发展

4 月 7 日，成龙和平友爱慈善晚宴及生日庆寿在北京举办，当晚共募得善款 7055. 2 万元，所得善款将用于中国电影基金会及北京成龙慈善基金会共同合作的有益于电影事业发展的公益活动和项目。

“四月网”质疑壹基金贪污

4 月 20 日，基金会中心网发布《芦山地震一周年捐款流向调查报告》，报告中显示壹基金为雅安地震募集款物最多，总额 38552 万元，已拨付款物 4701 万元。4 月 22 日，实名认证微博“四月网”质疑壹基金筹得的 3 亿多元捐款去向不明。

马云、蔡崇信宣布成立公益信托基金

4 月 25 日，阿里巴巴两位创始人马云和蔡崇信宣布，将成立个人公益信托基金。基金将着力于环境、医疗、教育和文化领域，地域涉及中国内地、中国香港和海外。该基金来源于两人在阿里巴巴集团拥有的期权，总体规模为阿里集团总股本的 2%。

17 家外企向武汉理工大学捐赠总价值 4.3 亿美元的设备

4 月 30 日，由通用公司、西门子、惠普、甲骨文等 17 家世界知名企业共同建立的“教育推进伙伴计划”（PACE）中心在武汉理工大学揭牌成立。这些企业共同向武汉理工大学捐赠了超过 200 套的汽车设计软件以及 10 个 HP 高性能工作站，总价值达到 4.3 亿美元，折合人民币约 26.5 亿元。这是 2014 年度最大额捐赠。

厦大 93 周年校庆，接收到捐款总计人民币近 4 亿元

厦门大学 93 周年校庆之际，校友、企业、机构和朋友捐助厦大，捐款总计人民币近 4 亿元。其中郭鹤年先生捐赠马币 1 亿元（折合人民币 2 亿元），用于厦门大学马来西亚校区图书馆大楼的建设；尤钰涵先生捐资人民币 5000 万元，助力厦门大学马来西亚校区主楼群四号楼建设；李深静先生捐资人民币 3000 万元，助力厦门大学马来西亚校区主楼群一号楼建设。

河北省“职工互助一日捐”活动共筹集 1.6 亿元

4 月 30 日，河北省工会发起的“职工互助一日捐”活动共筹集 1.6 亿元，用于河北省医疗事业。

5 月

浙江馥莉慈善基金会向西安交大捐赠 1 亿元

5 月 14 日，浙江馥莉慈善基金会向西安交大教育基金会捐资 1 亿元，用于建设该校馥莉食品科学与工程学院，研究“食品质量与安全”。

三星拟向青基会捐赠 1 亿元人民币

5 月 14 日，中国三星与中国青基会签订《2014—2018 年度支持希望工程捐赠协议书》，确定未来 5 年的合作计划。未来 5 年，中国三星每年将向青基会捐赠 2000 万元，合计捐赠 1 亿元。

扬州慈善总会放弃行政劝募

5 月 19 日，扬州市慈善总会开展“慈善一日捐”活动，以 1020 万元拍卖瘦西湖隧道的冠名权，将过去的动员讲话、募捐动员大会、广场集中捐赠及向机关企事业单位职工个人劝募等活动取消。

借成员婚庆，许书典家族再捐善款 6666. 66 万元

5 月 21 日晚，许书典家族在其家族成员许辉煌结婚当天，向晋江市慈善总会捐出善款 6666. 66 万元。至此，许书典家族慈善基金累计捐赠善款 4 亿多元，多用于教育、光彩事业等公益事业。

杨六斤事件

5 月 23 日，广西电视台的一档公益栏目报道了困境儿童杨六斤的故事。报道引发了社会关注，社会各界为其募集了高达 500 万元的捐赠。该笔巨额善款的使用一度成为公众关注的焦点。随后，媒体发现杨六斤的现实生活并非节目中展示的那般艰苦。“滥用社会爱心”、“骗捐”等言论层出，再度引发社会热议。

6 月

泰国正大集团向南京工业大学捐赠人民币 2 亿元

6 月 20 日，泰国正大集团向南京工业大学捐赠 2. 011 亿元。正大集团助力南工大“综合性、研究型、全球化”大学建设，捐款将主要用于学校基础设施完善、高端人才引进、管理水平提升等。双方还将共建南工大浦江学院，共同培养实用型人才。

衣恋集团拟向中国教育发展基金会捐赠人民币 1. 45 亿元助学金

6 月 19 日，韩国衣恋集团在北京宣布，自 2014 年 6 月起，集团将在 3 年内通过中国教育发展基金会捐赠 1. 45 亿元人民币，用于资助全国优秀贫困高中生，帮助他们完成学业。预计这笔善款将帮助近 1. 6 万名优秀贫困学子完成高中学业。

康乃尔集团董事长宋治平向吉林大学捐赠1亿元

6月19日，吉林大学举行“吉林康乃尔集团捐赠吉林大学新体育馆建设项目签约仪式”，吉林大学董事会董事、校友、吉林康乃尔集团董事长宋治平正式向吉林大学捐赠1亿元资金。这是吉大建校历史上接收捐赠单笔金额最高的一次。

北京给注册志愿者购买保险

自6月25日0时起，北京市234万实名注册志愿者正式参保团体人身意外伤害保险。除常规意外伤害事故、意外伤害残疾、意外伤害医疗等费用外，志愿者团体保险还将保障意外伤害住院津贴、意外伤害救护车费用等。投保资金全部来自财政拨款，这是国内首次由财政出资为注册志愿者购买保险。

第二届广州市慈善项目推介会认捐逾4.1亿元

截至2014年6月24日下午3时，第二届广州市慈善项目推介会共认捐资金4.1196亿元，共对接慈善项目339个，超额完成“募集慈善项目资金3.5亿元”的目标。其中，捐赠100万元以上的单位和个人有59个，与上年的41个相比，增加43.90%。另据了解，慈善资金将在2014年12月31日前落实到位，广州市慈监委下月起将对重点项目开展监督。

7月

中国红十字会针对风灾捐赠棉被遭质疑

7月18日至19日登陆的超强台风“威马逊”致海南、广东、广西三省（自治区）数百万群众受灾。中国红十字会在“三伏天”向灾区送棉被，因此遭到质疑。对此，中国红十字会总会相关负责人回应，3500床棉被是应当地需求而调拨，很多灾民住在临时安置点，棉被可铺可盖，有实际用处。

潘石屹设立“SOHO 中国助学金”资助哈佛耶鲁中国学生

7 月，SOHO 中国助学金向哈佛大学捐赠了 1500 万美元的助学金，支持在哈佛读书的中国本科学生。10 月，SOHO 中国基金会与耶鲁大学签订了金额 1000 万美元的“SOHO 中国助学金”协议，资助在耶鲁大学就读的中国学生。

8 月

西控产业投资有限公司向北京大学捐赠 2 亿元

8 月 11 日，西控产业投资有限公司向北京大学捐赠 2 亿元。根据捐赠协议，西控投资无偿向北京大学捐赠 2 亿元，其中 5000 万元用于支持景观大楼建设，1.5 亿元用于建筑与景观设计学院教学、科研和人才聘任及开展国际合作。

天使妈妈“实时信息”惹风波

8 月 5 日，演员袁立通过微博向天使妈妈基金会发问，质疑官方公布的报表时间“穿越”、更新信息不及时，质疑捐款数目变少，反问为何孩子已经出院还在募捐，并发微博请天使妈妈的理事邱启明关注质疑。邱启明和基金会针对质疑给予回复。

冰桶挑战引发公益项目模仿热潮

8 月 17 日，风靡美国的呼吁公众关注 ALS（肌萎缩侧索硬化）的“冰桶挑战”游戏传至中国，掀起一股热潮。新浪微公益与瓷娃娃罕见病关爱中心借势发起“一起‘冻’起来”微公益项目，以唤起社会对罕见病的关注，不足半个月获得善款 800 余万元。10 月，瓷娃娃罕见病关爱中心邀请社会各界人士参与善款使用的公开招投标活动。11 月 27 日，北京东方丝雨渐冻人关爱中心在中国社会福利基金会支持下，举办了全国首届渐冻人病友大会。

余彭年拟捐赠高校 20 亿元

8 月 14 日，余彭年慈善基金会召开新闻发布会，余彭年在会上透露，他将向北大、清华等 6 所高校各捐赠 1 亿元，已签订捐赠意向书。据了解，此前余彭年慈善基金会重点关注医疗等领域，今后将更加关注教育领域，并计划在 6—8 年内向国内 20 家高校捐赠 20 亿元。

香港新恒基国际集团向长春光机所赠送 2 台分子束外延机

8 月 10 日，香港知名企业家吉林行赠送长春光机所分子束外延机仪式暨合作项目签约仪式在长春举行。仪式上，香港新恒基国际集团向长春光机所赠送了 2 台价值 9468 万元的分子束外延机，双方签订了 14 个战略框架协议项目和 3 个合同项目，合同金额 36 亿元。

9 月

第三届中国公益慈善项目交流展示会，对接资金超 50 亿元

9 月 19 日至 21 日，第三届中国公益慈善项目交流展示会在深圳举行。此届慈展会实现对接金额 50. 79 亿元，较 2013 年 17. 08 亿元的对接金额，增幅达 197. 37% 。

2014 BAZAAR 明星慈善夜募集善款 5131 万元

2014 年“BAZAAR 明星慈善夜”共募集善款 5131 万元。由时尚集团发起的“BAZAAR 明星慈善夜”自 2003 年举办以来，累计倡导募集善款超过 2 亿元，两度获得国家最高慈善奖项——中华慈善奖。

2014 美丽童行公益慈善夜落幕　募款 1192 万元超去年

9 月 26 日，由凤凰网、凤凰卫视、中国乡村儿童联合公益、余德耀基金会、北京保利拍卖合作主办的“2014 美丽童行——中国乡村儿童联合公益慈善夜”活动现场筹得善款 1192 万元，这些善款将用于中国社会福利基金会、中国少年儿童慈善救助基金会和中国社会救助基金会运营的儿童安全、免费午餐、大病医保、暖流计划项目。

长城保护专项基金成立 获首批社会捐款 1819 万元

9 月 1 日，邓小平、习仲勋“爱我中华 修我长城”题词发表 30 周年纪念大会在北京人民大会堂举行。会上，“长城保护专项基金”和中国文物保护基金会长城保护专项基金管理委员会宣布成立，“长城保护专项基金”接收了首批社会捐赠，捐款总额达 1819.3228 万元，将用于长城本体保护。

10 月

200 余名企业家身体力行支持民间环保公益

10 月 6 日，由阿拉善 SEE 公益机构主办、深圳市红树林湿地保护基金会联合主办的“2014SEE 穿越贺兰山”公益筹款行动启动。这是国内迄今规模最大的以企业家为主体的环保公益徒步筹款行动，吸引了 200 余名来自全国各地的企业界人士参与。此次行动募集的善款将用于支持荒漠化防治、工业污染防治、三江源保护等项目的一线保护工作。

万达捐赠 1 亿元四川广元建中学

10 月 15 日，万达集团捐赠 1 亿元用于建设四川师范大学广元万达中学。四川师范大学创立于 1946 年，是四川省师范类院校中办学历史最为悠久、本科专业开办最早的大学，其附属中学是国家级示范性中学。

我国设立“扶贫日”

经国务院批准，从 2014 年开始，国家将每年的 10 月 17 日设立为“扶贫日”，其主要目的是引导社会各界关注贫困问题、关爱贫困人口、关心扶贫工作。

北京妈祖仁爱慈善基金会成立 募集善款超亿元

10 月 26 日，北京莆田企业商会牵头发起成立北京妈祖仁爱慈善基金会，1500 多位在京莆籍乡亲及全国各地代表齐聚国家会议中心，当天筹集善款超亿元。

国务院常务会议展开多项慈善议题的讨论

国务院总理李克强主持召开国务院常务会议，会议中展开了多项慈善议题的讨论，主要议题为：确定发展慈善事业措施，汇聚更多爱心扶贫济困；落实和完善公益性捐赠减免税政策，推出更多鼓励慈善的措施；优先发展具有扶贫济困功能的慈善组织；强化行业自律和社会监督等。

11 月

“上海一公斤”自曝账目问题

“上海一公斤公益发展中心”内部人员自曝机构管理混乱、账目糊涂、募捐不入账、票据丢失严重、乱拿发票顶账等问题。“上海一公斤”负责人承认在管理和财务上确实存在疏忽，但“没乱花一分钱”，并表示已经请第三方审计公司介入账目审查。

《关于支持和规范社会组织承接政府购买服务的通知》发布

财政部、民政部联合下发《关于支持和规范社会组织承接政府购买服务的通知》（财综〔2014〕87 号）。

美国八旬慈善家向陕捐赠珍稀动物标本 总价值过亿元

11 月 18 日，美国的肯尼斯·贝林向陕西自然博物馆捐赠了 136 件非洲及北美洲珍稀野生动物标本，总价值在国外估算超过 1 亿元人民币。近 10 年来，贝林和他的慈善机构在中国捐赠了近 40 万辆轮椅，并向中国多个省份的博物馆捐赠了价值数亿美元的动物标本。

中海油向宁夏中南部城乡饮水工程捐赠 1 亿元

11 月 26 日，中国海洋石油总公司向宁夏中南部城乡饮水安全连通工程捐赠 1 亿元善款，用于解决宁夏中南部山区近百万群众吃水难题。

12 月

长春力旺集团捐款 3.1 亿元

12 月 2 日，长春力旺集团有限公司向吉林大学捐赠 3.1 亿元，作为吉林大学教育事业发展基金。这笔捐赠刷新了吉林大学的单笔捐赠最高纪录，也是 2014 年度高校接收捐赠的最高纪录。据悉，该笔善款将用于设立吉林大学（力旺）教育基金，改善工科学生实习、实训条件；引进国内外尖端人才；表彰为学校建设发展作出巨大贡献的教职工。

茅台将捐赠 5 亿元保护赤水河

12 月 18 日，茅台酒股份有限公司宣布，从 2014 年开始，将连续 10 年每年捐赠 5000 万元，累计捐赠 5 亿元，用于赤水河流域生态环境的保护和治理。

国务院印发《关于促进慈善事业健康发展的指导意见》

国务院印发《关于促进慈善事业健康发展的指导意见》，这是新中国成立以来，第一个以中央政府名义出台的指导、规范和促进慈善事业发展的文件。意见提出，鼓励和支持社会公众通过捐款捐物、慈善消费和慈善义演、义拍、义卖、义展、义诊、义赛等方式为困难群众奉献爱心，探索捐赠知识产权收益、技术、股权、有价证券等新型捐赠方式，鼓励设立慈善信托。意见强调，落实企业和个人公益性捐赠所得税税前扣除政策。在加大社会支持力度方面，意见不仅提出鼓励企事业单位为慈善活动提供场所和便利条件、按规定给予优惠等措施，还要求积极探索金融资本支持慈善事业发展的政策渠道。

民政部牵头推进《志愿服务条例》研究起草工作

民政部牵头推进《志愿服务条例》研究起草工作。财政部等部门颁布的《政府购买服务管理办法（暂行）》，把社会工作服务、志愿服务运营管理都纳入了政府购买服务内容和指导目录范围。

共青团中央发布《关于印发〈关于推动团员成为注册志愿者的意见〉的通知》

12 月 31 日，共青团中央发布《关于印发〈关于推动团员成为注册志愿者的意见〉的通知》（中青发〔2014〕29 号），提出到 2017 年实现全国 90% 以上的团员成为注册志愿者。

附录二
2014 年度出台部分慈善法规文件

国务院关于促进慈善事业健康发展的指导意见

国发〔2014〕61 号

各省、自治区、直辖市人民政府，国务院各部委、各直属机构：

改革开放以来，我国慈善事业蓬勃兴起，以慈善组织为代表的各类慈善力量迅速发展壮大，社会慈善意识明显增强，各类慈善活动积极踊跃，在灾害救助、贫困救济、医疗救助、教育救助、扶老助残和其他公益事业领域发挥了积极作用。但是，我国慈善事业依然存在政策法规体系不够健全、监督管理措施不够完善、慈善活动不够规范、社会氛围不够浓厚、与社会救助工作衔接不够紧密等问题，影响了慈善事业的健康发展。根据党的十八大、十八届三中、四中全会精神和国务院决策部署，为进一步加强和改进慈善工作，统筹慈善和社会救助两方面资源，更好地保障和改善困难群众民生，现提出以下意见。

一、总体要求

（一）指导思想。以邓小平理论、“三个代表”重要思想、科学发展观为指导，坚持政府推动、社会实施、公众参与、专业运作，鼓励支持与强化监管并重，推动慈善事业健康发展，努力形成与社会救助工作紧密衔接，在扶贫济困、改善民生、弘扬中华民族传统美德和社会主义核心价值观等方面充分发挥作用的慈善事业发展新格局。

（二）基本原则。

突出扶贫济困。鼓励、支持和引导慈善组织和其他社会力量从帮助困难群众解决最直接、最现实、最紧迫的问题入手，在扶贫济困、为困难群众救急解难等领域广泛开展慈善帮扶，与政府的社会救助形成合力，有效发挥重要补充作用。

坚持改革创新。在慈善事业体制机制、运行方式、慈善事业与社会救助对接等方面大胆探索，畅通社会各方面参与慈善和社会救助的渠道，大力优化慈善事业发展环境，使各类慈善资源、社会救助资源充分发挥作用。

确保公开透明。慈善组织以及其他社会力量开展慈善活动，要充分尊重捐赠人意愿，依据有关规定及时充分公开慈善资源的募集、管理和使用情况。慈善组织要切实履行信息公开责任，接受行政监督、社会监督和舆论监督。

强化规范管理。加快完善相关法规政策，规范和引导慈善事业健康发展。依法依规对自然人、法人和其他组织开展的慈善活动进行监管，及时查处和纠正违法违规活动，确保慈善事业在法制化轨道上运行。

（三）发展目标。到 2020 年，慈善监管体系健全有效，扶持政策基本完善，体制机制协调顺畅，慈善行为规范有序，慈善活动公开透明，社会捐赠积极踊跃，志愿服务广泛开展，全社会支持慈善、参与慈善的氛围更加浓厚，慈善事业对社会救助体系形成有力补充，成为全面建成小康社会的重要力量。

二、鼓励和支持以扶贫济困为重点开展慈善活动

扶贫济困是慈善事业的重要领域，在政府保障困难群众基本生活的同时，鼓励和支持社会力量以扶贫济困为重点开展慈善活动，有利于更好地满足困难群众多样化、多层次的需求，帮助他们摆脱困境、改善生活，形成慈善事业与社会救助的有效衔接和功能互补，共同编密织牢社会生活安全网。

（一）鼓励社会各界开展慈善活动。

鼓励社会各界以各类社会救助对象为重点，广泛开展扶贫济困、赈灾救孤、扶老助残、助学助医等慈善活动。党政机关、事业单位要广泛动员干部职工积极参与各类慈善活动，发挥带头示范作用。工会、共青团、妇联等人民团体要充分发挥密切联系群众的优势，动员社会公众为慈善事业捐赠资金、物资和提供志愿服务等。各全国性社会团体在发挥自身优势、开展慈善活动时，要主动接受社会监督，在公开透明、规范管理、服务困

难群众等方面作出表率。各类慈善组织要进一步面向困难群体开展符合其宗旨的慈善活动。倡导各类企业将慈善精神融入企业文化建设，把参与慈善作为履行社会责任的重要方面，通过捐赠、支持志愿服务、设立基金会等方式，开展形式多样的慈善活动，在更广泛的领域为社会作出贡献。鼓励有条件的宗教团体和宗教活动场所依法依规开展各类慈善活动。提倡在单位内部、城乡社区开展群众性互助互济活动。充分发挥家庭、个人、志愿者在慈善活动中的积极作用。

（二）鼓励开展形式多样的社会捐赠和志愿服务。

鼓励和支持社会公众通过捐款捐物、慈善消费和慈善义演、义拍、义卖、义展、义诊、义赛等方式为困难群众奉献爱心。探索捐赠知识产权收益、技术、股权、有价证券等新型捐赠方式，鼓励设立慈善信托，抓紧制定政策措施，积极推进有条件的地方开展试点。动员社会公众积极参与志愿服务，构建形式多样、内容丰富、机制健全、覆盖城乡的志愿服务体系。倡导社会力量兴办公益性医疗、教育、养老、残障康复、文化体育等方面的机构和设施，为慈善事业提供更多的资金支持和服务载体。加快出台有效措施，引导社会公众积极捐赠家庭闲置物品。广泛设立社会捐助站点，创新发展慈善超市，发挥网络捐赠技术优势，方便群众就近就便开展捐赠。

（三）健全社会救助和慈善资源信息对接机制。

要建立民政部门与其他社会救助管理部门之间的信息共享机制，同时建立和完善民政部门与慈善组织、社会服务机构之间的衔接机制，形成社会救助和慈善资源的信息有效对接。对于经过社会救助后仍需要帮扶的救助对象，民政部门要及时与慈善组织、社会服务机构协商，实现政府救助与社会帮扶有机结合，做到因情施救、各有侧重、互相补充。社会救助信息和慈善资源信息应同时向审计等政府有关部门开放。

（四）落实和完善减免税政策。

落实企业和个人公益性捐赠所得税税前扣除政策，企业发生的公益性捐赠支出，在年度利润总额 12% 以内的部分，准予在计算应纳税所得额时扣除；个人公益性捐赠额未超过纳税义务人申报的应纳税所得额 30% 的部分，可以从其应纳税所得额中扣除。研究完善慈善组织企业所得税优惠政策，切实惠及符合条件的慈善组织。对境外向我国境内依法设立的慈善组织无偿捐赠的直接用于慈善事业的物资，在有关法律及政策规定的范围内享受进口税收优惠。有关部门要大力宣传慈善捐赠减免税的资格和条件。

（五）加大社会支持力度。

鼓励企事业单位为慈善活动提供场所和便利条件、按规定给予优惠。倡导金融机构根据慈善事业的特点和需求创新金融产品和服务方式，积极探索金融资本支持慈善事业发展的政策渠道。支持慈善组织为慈善对象购买保险产品，鼓励商业保险公司捐助慈善事业。完善公益广告等平台的管理办法，鼓励新闻媒体为慈善组织的信息公开提供帮助支持和费用优惠。

三、培育和规范各类慈善组织

慈善组织是现代慈善事业的重要主体，大力发展各类慈善组织，规范慈善组织行为、确保慈善活动公开透明，是促进慈善事业健康发展的有效保证。

（一）鼓励兴办慈善组织。优先发展具有扶贫济困功能的各类慈善组织。积极探索培育网络慈善等新的慈善形态，引导和规范其健康发展。稳妥推进慈善组织直接登记，逐步下放符合条件的慈善组织登记管理权限。地方政府和社会力量可通过实施公益创投等多种方式，为初创期慈善组织提供资金支持和能力建设服务。要加快出台有关措施，以扶贫济困类项目为重点，加大政府财政资金向社会组织购买服务力度。

（二）切实加强慈善组织自我管理。慈善组织要建立健全内部治理结构，完善决策、执行、监督制度和决策机构议事规则，加强内部控制和内部审计，确保人员、财产、慈善活动按照组织章程有序运作。基金会工作人员工资福利和行政办公支出等管理成本不得超过当年总支出的10%，其他慈善组织的管理成本可参照基金会执行。列入管理成本的支出类别按民政部规定执行。捐赠协议约定从捐赠财产中列支管理成本的，可按照约定执行。

（三）依法依规开展募捐活动。引导慈善组织重点围绕扶贫济困开展募捐活动。具有公募资格的慈善组织，面向社会开展的募捐活动应与其宗旨、业务范围相一致；新闻媒体、企事业单位等和不具有公募资格的慈善组织，以慈善名义开展募捐活动的，必须联合具有公募资格的组织进行；广播、电视、报刊及互联网信息服务提供者、电信运营商，应当对利用其平台发起募捐活动的慈善组织的合法性进行验证，包括查验登记证书、募捐主体资格证明材料。慈善组织要加强对募捐活动的管理，向捐赠者开具捐赠票据，开展项目所需成本要按规定列支并向捐赠人说明。任何组织和个人不得以慈善名义敛财。

（四）严格规范使用捐赠款物。慈善组织应将募得款物按照协议或承诺，及时用于相关慈善项目，除不可抗力或捐赠人同意外，不得以任何理由延误。未经捐赠人同意，不得擅自更改款物用途。倡导募用分离，制定有关激励扶持政策，支持在款物募集方面有优势的慈善组织将募得款物用于资助有服务专长的慈善组织运作项目。慈善组织要科学设计慈善项目，优化实施流程，努力降低运行成本，提高慈善资源使用效益。

（五）强化慈善组织信息公开责任。

公开内容。慈善组织应向社会公开组织章程、组织机构代码、登记证书号码、负责人信息、年度工作报告、经审计的财务会计报告和开展募捐、接受捐赠、捐赠款物使用、慈善项目实施、资产保值增值等情况以及依法应当公开的其他信息。信息公开应当真实、准确、完整、及时，不得有虚假记载、误导性陈述或者重大遗漏。对于涉及国家安全、个人隐私等依法不予公开的信息和捐赠人或受益人与慈善组织协议约定不得公开的信息，不得公开。慈善组织不予公开的信息，应当接受政府有关部门的监督检查。

公开时限。慈善组织应及时公开款物募集情况，募捐周期大于 6 个月的，应当每 3 个月向社会公开一次，募捐活动结束后 3 个月内应全面公开；应及时公开慈善项目运作、受赠款物的使用情况，项目运行周期大于 6 个月的，应当每 3 个月向社会公开一次，项目结束后 3 个月内应全面公开。

公开途径。慈善组织应通过自身官方网站或批准其登记的民政部门认可的信息网站进行信息发布；应向社会公开联系方式，及时回应捐赠人及利益相关方的询问。慈善组织应对其公开信息和答复信息的真实性负责。

四、加强对慈善组织和慈善活动的监督管理

（一）加强政府有关部门的监督管理。

民政部门要严格执行慈善组织年检制度和评估制度。要围绕慈善组织募捐活动、财产管理和使用、信息公开等内容，建立健全并落实日常监督

检查制度、重大慈善项目专项检查制度、慈善组织及其负责人信用记录制度，并依法对违法违规行为进行处罚。财政、税务部门要依法对慈善组织的财务会计、享受税收优惠和使用公益事业捐赠统一票据等情况进行监督管理。其他政府部门要在各自职责范围内对慈善组织和慈善活动进行监督管理。

（二）公开监督管理信息。民政部门要通过信息网站等途径向社会公开慈善事业发展和慈善组织、慈善活动相关信息，具体包括各类慈善组织名单及其设立、变更、评估、年检、注销、撤销登记信息和政府扶持鼓励政策措施、购买社会组织服务信息、受奖励及处罚信息、本行政区域慈善事业发展年度统计信息以及依法应当公开的其他信息。

（三）强化慈善行业自律。要推动建立慈善领域联合型、行业性组织，建立健全行业标准和行为准则，增强行业自我约束、自我管理、自我监督能力。鼓励第三方专业机构根据民政部门委托，按照民政部门制定的评估规程和评估指标，对慈善组织开展评估。相关政府部门要将评估结果作为政府购买服务、评选表彰的参考依据。

（四）加强社会监督。畅通社会公众对慈善活动中不良行为的投诉举报渠道，任何单位或个人发现任何组织或个人在慈善活动中有违法违规行为的，可以向该组织或个人所属的慈善领域联合型、行业性组织投诉，或向民政部门及其他政府部门举报。相关行业性组织要依据行业自律规则，在职责范围内及时协调处理投诉事宜。相关政府部门要在各自职责范围内及时调查核实，情况属实的要依法查处。切实保障捐赠人对捐赠财产使用情况的监督权利，捐赠人对慈善组织、其他受赠主体和受益人使用捐赠财产持有异议的，除向有关方面投诉举报外，还可以依法向人民法院提起诉讼。支持新闻媒体对慈善组织、慈善活动进行监督，对违法违规及不良现象和行为进行曝光，充分发挥舆论监督作用。

（五）建立健全责任追究制度。民政部门作为慈善事业主管部门，要会同有关部门建立健全责任追究制度。对慈善组织按照“谁登记、谁管理”的原则，由批准登记的民政部门会同有关部门对其违规开展募捐活动、违反约定使用捐赠款物、拒不履行信息公开责任、资助或从事危害国家安全和公共利益活动等违法违规行为依法进行查处；对于慈善组织或其负责人的负面信用记录，要予以曝光。对其他社会组织和个人按照属地管辖的原则，由所在地的民政部门会同有关部门对其以慈善为名组织实施的违反法律法规、违背公序良俗的行为和无正当理由拒不兑现或不完全兑现捐赠承诺、以诽谤造谣等方式损害慈善组织及其从业人员声誉等其他违法违规行为依法及时查处。对政府有关部门及其工作人员滥用职权、徇私舞弊或者玩忽职守、敷衍塞责造成严重后果的，要依法追究责任。

五、加强对慈善工作的组织领导

（一）建立健全组织协调机制。各级政府要将发展慈善事业作为社会建设的重要内容，纳入国民经济和社会发展总体规划和相关专项规划，加强慈善与社会救助、社会福利、社会保险等社会保障制度的衔接。各有关部门要建立健全慈善工作组织协调机制，及时解决慈善事业发展中遇到的突出困难和问题。

（二）完善慈善表彰奖励制度。国家对为慈善事业发展作出突出贡献、社会影响较大的个人、法人或者组织予以表彰。民政部要根据慈善事业发展的实际情况，及时修订完善“中华慈善奖”评选表彰办法，组织实施好评选表彰工作，在全社会营造良好的慈善氛围。各省（区、市）人民政府可按国家有关规定建立慈善表彰奖励制度。要抓紧出台有关措施，完善公民志愿服务记录制度，按照国家有关规定建立完善志愿者嘉许和回馈制度，鼓励更多的人参加志愿服务活动。

（三）完善慈善人才培养政策。要加快培养慈善事业发展急需的理论研究、高级管理、项目实施、专业服务和宣传推广等人才。加强慈善从业人员劳动权益保护和职业教育培训，逐步建立健全以慈善从业人员职称评定、信用记录、社会保险等为主要内容的人力资源管理体系，合理确定慈善行业工作人员工资待遇水平。

（四）加大对慈善工作的宣传力度。要充分利用报刊、广播、电视等媒体和互联网，以群众喜闻乐见的方式，大力宣传各类慈行善举和正面典型，以及慈善事业在服务困难群众、促进社会文明进步等方面的积极贡献，引导社会公众关心慈善、支持慈善、参与慈善。要着力推动慈善文化进机关、进企业、进学校、进社区、进乡村，弘扬中华民族团结友爱、互助共济的传统美德，为慈善事业发展营造良好社会氛围。

各省（区、市）人民政府要根据本意见要求，结合实际，研究制定配套落实政策。国务院相关部门要根据本部门职责研究制定具体政策措施。民政部要会同有关部门加强对本意见执行情况的监督检查，及时向国务院报告。

国务院

2014 年 11 月 24 日

民政部　全国工商联关于鼓励支持民营企业积极投身公益慈善事业的意见

民发〔2014〕5 号

各省、自治区、直辖市民政厅（局）、工商联，新疆生产建设兵团民政局、工商联：

为贯彻落实党的十八大和十八届三中全会关于“支持发展慈善事业”、“创新社会治理”的要求，促进广大民营企业通过参与公益慈善事业，弘扬中华民族传统美德，积极履行社会责任，在解决社会问题、缩小收入差距、促进社会公平和谐中不断作出新贡献，现就鼓励支持民营企业积极投身公益慈善事业提出如下意见：

一、重要意义

改革开放特别是进入新世纪以来，非公有制经济不断发展壮大，已成为社会主义市场经济的重要组成部分和我国经济社会发展的重要基础。广大民营企业家和民营企业作为建设中国特色社会主义事业的重要力量，深入践行社会主义核心价值体系，切实履行社会责任，广泛开展救助灾害、救孤济困、扶老助残等慈善活动，积极投身教育、科学、文化、卫生、体育、环境保护等公益事业，已成为我国公益慈善事业的主体力量，为我国公益慈善事业发展作出了突出贡献。同时，也应看到，民营企业参与公益慈善事业的潜力有待进一步挖掘，优势有待进一步发挥。当前，我国已进入全面建成小康社会的决定性阶段，保障和改善民生的任务十分繁重。鼓励支持民营企业参与公益慈善事业，是引导民营企业坚定中国特色社会主义的理想信念、积极履行社会责任的有效方式，是促进非公有制经济健康发展和非公有制经济人士健康成长的重要途径，是推动中国特色公益慈善事业发展的必然要求。各级民政部门和工商联组织要统一思想、提高认识，采取切实可行的措施，进一步提高民营企业参与公益慈善事业的积极性、科学性和有效性，支持民营企业为中国特色公益慈善事业的科学发展作出新的更大贡献。

二、基本原则

（一）自觉自愿。民营企业参与公益慈善事业，应坚持自觉自愿、尽力而为、量力而行的原则。任何组织和个人不得强迫或变相强迫民营企业开展和参与各项公益慈善活动或进行捐赠。

（二）合法合规。民营企业参与公益慈善事业，要遵守国家相关法律法规和政策，遵守社会公德，维护公共利益。民营企业只能将其有权处分的合法财产用于公益慈善事业。民营企业依法设立的慈善组织受赠的财产及其增值部分是社会公共财产，受国家法律保护，任何单位和个人不得私分、侵占和挪用。

（三）诚信公正。民营企业参与公益慈善事业，要诚实守信，已经向社会公众或受赠对象承诺的捐赠，必须诚实履行；与慈善组织开展的合作，必须依据协议认真履行。民营企业参与公益慈善事业，要公平公正，不得要求受赠人、受益人在融资活动、市场准入、资源占有等方面为其创造便利条件或提供利益回报。

三、参与途径

（一）开展社会捐赠。

——鼓励支持民营企业通过捐赠资金、产权、物资和服务等方式参与公益慈善事业。

——鼓励支持民营企业通过捐赠有价证券、专利、技术等探索参与公益慈善事业的新方式。

——鼓励支持民营企业在政府引导下，积极向需求突出的社会领域进行捐赠。

（二）设立慈善组织。

——鼓励支持具备条件的民营企业依法设立基金会，或在慈善组织中设立专项基金，探索企业留本冠名慈善基金、公益信托等新载体。

——鼓励支持民营企业举办扶贫济困、教育、医疗、养老、助残等方面的民办非企业单位，大力发展公益慈善事业，不断增加社会公共产品供给，提高公共服务水平。

（三）与慈善组织合作。

——鼓励支持民营企业选择公信力高、专业性强、富有活力的慈善组织开展合作，参与有影响力、创新性和实效性的慈善项目。

——鼓励支持民营企业持续稳定关注某一公益慈善领域，以形成长期广泛的社会影响和正面积极的社会评价。

（四）组织员工开展志愿服务。

——鼓励支持民营企业有意识地引导、组织员工，立足于所在地区和所从事的行业，在扶贫济困、帮老助幼、支教助学、卫生保健、科技推广、环境保护、应急救援、心理安抚、大型社会活动的服务等方面，有计划、有针对性、可持续地开展志愿服务活动。

（五）在投资兴业中吸纳困难群体。

——鼓励支持民营企业在投资兴业中吸纳残疾人和贫困家庭劳动力就业，实现公益目标和经济目标、社会效益和经济效益的有机统一。

（六）传播慈善文化。

——鼓励支持民营企业发扬扶危济困、乐善好施的传统美德，将以“平等、互助、博爱、共享”为核心内容的现代慈善理念和以“义利兼顾、以义为先”的光彩理念融入企业文化，在企业内部形成人人关心慈善、人人支持慈善的良好氛围，并通过提升合作伙伴和社会公众的慈善理念，传播慈善文化。

——鼓励支持民营企业采取冠名、资助等协作方式，与社会组织、科研机构等合作开展各类慈善文化活动。

（七）创新其他参与公益慈善事业的方式。

——鼓励支持民营企业继续保持发扬光彩事业精神，创新光彩事业发展新模式，并结合自身实际，发挥特色和优势，积极探索开展公益慈善活动、推动公益慈善事业发展的新途径和新机制。

四、支持措施

（一）支持民营企业依法设立公益慈善组织。根据全面深化改革的战略部署，围绕建设法治政府、服务型政府，创新行政管理方式，激发社会组织活力的新要求，各级民政部门要依照相关法律法规和政策规定，积极履行部门职责，转变工作作风，提高办事效率，丰富完善窗口和在线服务内容，为民营企业依法设立公益慈善组织提供有效的咨询和指导。

（二）协助落实优惠政策。各级民政部门和工商联组织要积极协助有关部门依法落实民营企业设立的公益慈善组织应享受的优惠政策和扶持措施。指导民营企业对发生的公益性捐赠支出进行所得税税前扣除。协同财政、税务部门，做好有关基金会等公益性社会团体的公益性捐赠税前扣除资格的审核工作。

（三）做好民营企业与慈善组织和慈善需求对接。各级民政部门和工商联组织要掌握本行政区内的优秀慈善组织和优秀慈善项目状况，及时采集、发布求助信息，主动向民营企业做好推荐工作，为民营企业与慈善需求对接提供便利。各级民政部门和工商联组织要加强合作，通过联系协调、信息共享等方式，搭建展示交流会、项目推介会等平台，促进民营企业与慈善组织对接，开展长期、多样、有效合作。

（四）宣传民营企业公益慈善行为。各级民政部门和工商联组织要积极协调报刊、广播、电视、互联网等媒体，大力宣传民营企业的慈行善举，努力营造有利于民营企业投身公益慈善事业良好的社会氛围和舆论环境。

（五）完善其他扶持和激励措施。各级民政部门和工商联组织要积极推动有关部门从土地供应、设施配套、企业服务等方面，对为公益慈善事业作出突出贡献的民营企业提供便利和优惠条件。在各级民政部门评选慈善奖项时，应注重表彰民营企业公益慈善典型。在政府采购中，对为公益慈善事业作出突出贡献的民营企业，同等条件下优先考虑。

五、服务与监管

各级民政部门和工商联组织要把民营企业参与公益慈善事业的各项支持措施落到实处。要做好民营企业参与公益慈善事业基础数据的统计工作，及时总结和宣传民营企业参与公益慈善事业中的好经验和涌现出的新典型。要根据民营企业参与公益慈善事业的实际需求，提供针对性的政策解读、业务培训等服务。要充分尊重民营企业参与公益慈善事业的知情权和监督权，督促受赠单位严格按照捐赠单位、捐赠人的意愿落实善款和物品的使用，并及时通报受赠资金使用和项目进展情况。要通过调研、座谈等方式，及时听取民营企业关于发展公益慈善事业的意见建议，主动研究解决民营企业在相关工作中遇到的困难和问题。要积极指导民营企业将开展公益慈善活动的情况作为企业社会责任报告的重要内容主动向社会公布，引导有条件的民营企业编制专门的企业年度公益慈善报告。要建立信息反馈机制，督促问题整改，自觉接受社会公众、新闻媒体对民营企业开展的各类公益慈善活动的监督。

民政部　全国工商联

2014 年 1 月 9 日

“中华慈善奖”评选表彰办法

（2014年5月19日第9次部长办公会议修订通过）

第一条 为切实做好“中华慈善奖”评选表彰工作，确保评选表彰活动公开、公平、公正，鼓励更多的自然人、法人和其他组织参与慈善事业，促进慈善事业健康快速发展，根据《中共中央办公厅 国务院办公厅评比达标表彰活动管理办法（试行）》和《民政部表彰奖励工作规定》，制定本办法。

第二条 “中华慈善奖”评选表彰工作由民政部负责实施，每两年举办1届，旨在表彰我国慈善领域事迹突出、影响广泛的个人、企业、机构和项目。

第三条 每届“中华慈善奖”具体奖项设置根据慈善事业发展情况和特点确定，表彰名额原则上不超过50个；同时设立提名奖，原则上不超过100名。

第四条 “中华慈善奖”评委库由党政军有关部门、人民团体、社会组织、学术机构、媒体、企事业等机构的代表和热心慈善事业的个人组成，共设100个席位，其中机构席位70个，个人席位30个。

第五条 每届“中华慈善奖”评选表彰活动启动前，民政部自评委库中选取25名评委组成当届“中华慈善奖”评委会，其中包含8名指定评委，由民政部领导和相关司局负责同志担任，其余为随机抽取。

担任评委的机构，应选派其负责人作为代表履行评委职责。

评委个人或其所代表的机构参加“中华慈善奖”评选时，实行“回避”制度。

第六条 “中华慈善奖”评委会成立后，下设办公室承担日常工作。办公室设在民政部社会福利和慈善事业促进司。

“中华慈善奖”评委会办公室可选择有资质的行业性、联合性慈善组织以及富有广泛影响力的新闻媒体开展合作。

第七条 “中华慈善奖”候选对象由推荐和自荐两种方式产生。推荐和自荐的候选对象申报“中华慈善奖”时，应提交能够证明其对慈善事业发展所作贡献的文字或影音材料。材料应真实、准确、详细。

第八条 各省（自治区、直辖市）民政厅（局）、新疆生产建设兵团民政局按照属地原则接受个人、企业、机构或项目的推荐或自荐，完成初选工作，确定拟推荐候选对象，向“中华慈善奖”评委会办公室进行推荐。

第九条 “中华慈善奖”评委会办公室同时受理来自中央党政机关、企事业单位，人民解放军，武警部队，全国性社会组织，港澳台地区等关于个人、企业、机构和项目的推荐或自荐。对于自荐材料，评委会办公室将向自荐者所在地省级民政部门或相关部门进行核实。

第十条 “中华慈善奖”评委会办公室统筹研究候选对象在慈善领域的贡献程度、社会影响、区域和行业布局等因素提出当届“中华慈善奖”建议提名名单，报评委会审核同意。

第十一条 “中华慈善奖”评委会办公室将提名名单在民政部门户网站等网络媒体公示，接受公众网络投票。

第十二条 “中华慈善奖”评委独立对提名名单进行甄选、投票。评委所投选票需附个人签字方有效。

第十三条 “中华慈善奖”评委会综合评委投票情况并参考网络投票情况提出拟表彰名单。

第十四条 “中华慈善奖”评委会办公室将拟表彰名单在相关媒体进行为期两周的公示，并向相关单位和部门征求意见。

公示和征求意见后，报民政部部长办公会议审议确定表彰名单。

第十五条 未入选表彰名单但入选提名名单且公示无异议的个人、企业、机构和项目获提名奖。

第十六条 民政部采取适当形式对获奖者进行表彰。

第十七条 累计 10 年或今后连续 5 届获得“中华慈善奖”的个人，可授予“中华慈善家”荣誉称号，作为终身荣誉，此后可不再参评“中华慈善奖”。

参评企业、机构和项目不受时间和届次的限制。

第十八条 被推荐或自荐参加“中华慈善奖”评选的个人、企业、机构或项目，填报评审材料或者在网络投票中弄虚作假的，一经核实，6 年内不得再行申报。

获奖者出现严重违法违纪行为或造成不良社会影响的，对其已获奖项予以撤销。

第十九条 本办法自印发之日起施行。2005 年发布的《“中华慈善奖”评选表彰办法》同时废止。

民政部关于云南鲁甸 6.5 级地震抗震救灾捐赠活动的公告

第 323 号

8 月 3 日，云南省昭通市鲁甸县发生 6.5 级地震，党中央、国务院高度重视抗震救灾工作，部分社会组织和单位自发开展了救灾募捐活动，支持灾区抗震救灾。为进一步规范救灾捐赠活动和志愿服务，现就有关事项公告如下：

一、志愿服务。鉴于目前灾区尚处于紧急救援阶段，且交通、通信、住宿条件不便，加之余震不断，建议非专业救援的社会组织和志愿者在现阶段不要自行前往灾区。

二、捐赠渠道。对于社会各界有捐赠意愿的单位和个人，倡导通过依法登记、有救灾宗旨且有公募资格的社会组织和灾区民政部门进行捐赠（全国性的公募基金会登记事项可在“中国社会组织网”上查询），捐赠以资金为主。有意愿捐赠物资的捐赠人和社会组织，应提前与灾区有关机构确认需求后再实施，并应严格做好捐赠物资的质量、数量等把关工作，避免造成物资积压和资源浪费。

三、信息公开。开展募捐活动的社会组织应依法依规发布募捐公告，在接收和使用捐赠资金过程中应定期公布详细的收入和支出明细，包括捐赠收入、直接用于受助人的款物、与所开展的公益项目相关的各项直接运行费用等。信息发布以各自的网站作为主要渠道，并保证信息长期可查询。按照谁接收、谁反馈的原则，社会组织应主动向捐赠人反馈信息，并及时答复捐赠人的查询。

灾区有关机构在发放和使用救灾捐赠资金时，应向受益人明确告知资金的来源和性质；重建阶段应定期向社会公开所接收救灾捐赠资金的总额、拨付使用和重建项目进展等信息，主动接受捐赠人和社会的监督。

四、数据统计。按照谁接收、谁统计和在地统计原则，接收捐赠的社会组织应根据《救灾捐赠款物统计制度》，加强捐赠款物数据的统计和汇总，及时向同级民政部门报送统计数据，各级民政部门按要求逐级汇总上报数据、定期在门户网站公布同级社会组织的数据报送情况，接受社会监督。

接收捐赠的全国性社会组织应每日向民政部救灾司救灾捐赠处报送捐赠数据，民政部将每周在民政部网站上公布。

五、资金使用。社会组织应按照捐赠人的意愿、灾区应急救灾和恢复重建需求使用救灾捐赠资金。应急救灾阶段应主要用于抢险救援和保障受灾群众基本生活需求；计划用于灾后恢复重建的，应在灾区恢复重建规划框架内，统筹灾区需求和捐赠人意愿，承建或认建重建项目，将资金投向困难多、需求大的重灾地区。

云南省已建立抗震救灾捐赠资金使用协调机制，指定云南省减灾中心为社会组织提供服务。联系电话：0871－65731920，65739940。

民政部

2014 年 8 月 4 日

江苏省四类社会组织直接登记管理暂行办法

苏民规〔2014〕1 号

第一条 为深化社会组织登记管理制度改革，规范本省四类社会组织直接登记工作，按照国务院有关要求，根据《社会团体登记管理条例》、《民办非企业单位登记管理暂行条例》、《基金会管理条例》及《江苏省行业协会条例》等有关法律法规，结合本省实际，制定本办法。

第二条 本办法所称四类社会组织，是指行业协会商会类、科技类、公益慈善类、城乡社区服务类社会组织。

行业协会商会类社会组织是指从事相同性质经济活动的经济组织或者从业人员，为维护会员共同的合法利益而自愿组成的社会团体。

科技类社会组织是指以促进科技发展和进步为目的，专门从事科学研究与技术开发、成果转让、科技咨询与服务、科技成果评估、科学技术知识传播与普及等业务的社会组织。

公益慈善类社会组织是指以特定公益为目的，为社会公众和社会发展提供公益慈善和社会服务的社会组织。

城乡社区服务类社会组织是指面向社区，为满足城乡社区居民需求、促进社区和谐发展，以开展社区服务为主要内容的社会组织。

第三条 四类社会组织，在办理成立、变更和注销登记时，可以直接向民政部门申请，不再需要业务主管单位审查同意。需要征询有关部门或者单位意见的，由登记管理机关出具征询函。

四类社会组织中涉及政治、法律、宗教的，仍实行双重管理。

第四条 省、市、县（市、区）民政部门负责同级四类社会组织的直接登记管理工作。

基金会由县级以上民政部门登记；民办非企业单位原则上由住所所在

地的市或者县（市、区）民政部门登记。

城乡社区服务类社会组织原则上在县（市、区）民政部门登记。

第五条 直接登记成立四类社会组织，在符合社会组织登记管理相关行政法规规定的基础上，可以适当放宽条件：

（一）允许“一业多会”。可以按国民经济行业分类的小类标准设立行业协会商会；同一行业可以按产业链各个环节、经营方式和服务类型设立行业协会商会；

（二）允许公益慈善类社会团体名称使用字号；

（三）降低会员数量标准。社会团体会员数量降低为20个以上个人会员或者10个以上单位会员；个人会员、单位会员混合组成的，会员总数不少于20个；重点扶持的新兴产业和高科技产业成立相关行业协会，会员数量可以进一步降低；

（四）降低注册资金标准。成立社会团体、民办非企业单位，各地可以根据实际情况适当降低注册资金标准或者制定分批缴纳制度，其中城乡社区服务类的注册资金可以不作要求；

（五）取消社会团体筹备审批环节；

（六）取消社会团体分支（代表）机构的审批；

（七）简化验资手续。社会团体、民办非企业单位在注册登记时，只需提供银行进账单或者其他合法的出资证明，无须提交会计师事务所出具的验资报告；

（八）鼓励民办非企业单位申请注册服务商标，采用直营连锁、加盟连锁等特许连锁经营模式，开展集团化服务，其各个服务点可以使用同一字号、商标及服务集团标识，形成品牌连锁服务；采用直营连锁模式的，其各个服务点应当在登记管理机关备案，无须注册登记；

（九）鼓励大学生、社会工作专业人才创办社会组织。在校或者毕业不满两年的大学生、社会工作专业人才自主创办，或者社会力量以招聘此类人员就业为主创办民办非企业单位的，由登记管理机关推荐专门人员或者机构免费提供咨询指导和服务。

第六条 直接登记成立全省性四类社会组织，在符合社会组织登记管理相关行政法规规定的基础上，还应当符合下列条件：

（一）成立行业协会商会类社会团体，发起人应当有5个以上且在本地区、本行业具有较高的代表性和影响力，会员单位应当具有广泛性，原则上分布在8个以上设区市；

（二）科技类民办非企业单位注册资金不得低于200万元且从业人员不得少于25人；以“研究院”冠名的科技类民办非企业单位，注册资金不得低于1000万元且专职科技人员不得少于50人；

（三）公募基金会注册资金不得低于800万元，非公募基金会注册资金不得低于400万元。

第七条 四类社会组织申请直接登记，发起人（举办者）应当向登记管理机关提交下列材料，并对申请材料的真实性负责：

（一）申请书；

（二）章程草案；

（三）住所证明；

（四）验资报告或者银行进账单等；

（五）其他必需的材料。

成立社会组织需要行业资质许可的，发起人（举办者）应当在取得行业主管部门的资质许可后，向登记管理机关申请登记。

第八条 四类社会组织申请直接登记，应当按照下列流程办理：

（一）申请。发起人（举办者）向登记管理机关提交书面申请或者网上申请。

（二）名称核准。登记管理机关收到申请材料后，在15个工作日之内对拟成立的社会组织作出同意或者不同意直接登记的决定。同意的，发给《社会组织名称核准通知书》，并一次性告知其成立登记所需材料；不同意的，书面告知申请人并说明理由。

（三）成立登记。社会组织完成相关准备工作后，向登记管理机关申请成立登记并提交有关材料，登记管理机关在10个工作日内作出准予成立或者不予成立的决定。准予成立的，发给社会组织行政许可决定书，颁发《社会组织法人登记证书》；不予成立的，书面告知申请人并说明理由。

（四）公告。社会组织直接登记后，由登记管理机关进行公告。

第九条 四类社会组织登记事项需要变更的，直接向登记管理机关申请变更登记。变更内容涉及行业资质许可的，应当在取得行业资质许可后再向登记管理机关申请变更登记；变更内容涉及章程修改的，应当在履行民主程序前将修改的章程报登记管理机关预核准。

四类社会组织需要注销的，应当在注销登记前，由登记管理机关指导完成清算工作，自清算结束之日起 15 日内向登记管理机关申请办理注销登记。

第十条 本办法出台前已成立且属于直接登记范畴的社会组织，在办理变更、注销等事项时，参照本办法执行；在办理年度检查时，无须先经行业主管部门审查。

第十一条 实施四类社会组织直接登记后，登记管理机关应当会同行业主管部门和相关职能部门建立健全社会组织监督管理体系。

（一）登记管理机关依法履行登记、年检、评估等日常管理职能，加强对社会组织的执法监察，依法对其违法违规行为进行查处；

（二）行业主管部门和相关职能部门在法律法规范围内履行相应的业务指导和监督管理职责；

（三）社会组织应当完善法人治理结构和内部管理制度，主动进行信息披露，加强诚信自律建设，依法接受监督管理。

第十二条 市、县（市、区）可以结合本地实际，制定四类社会组织直接登记的实施细则。

第十三条 本办法由江苏省民政厅负责解释。

第十四条 本办法自 2014 年 11 月 1 日起施行。

重庆市民政局
关于开展四类社会组织直接登记工作的通知

渝民发〔2014〕76 号

各市级业务主管单位，各区县（自治县）民政局，北部新区社会保障局、万盛经开区民政局：

为认真贯彻落实党的十八大精神，推进政府行政管理体制改革，加快形成现代社会组织管理体制，激发社会组织活力，引导社会组织健康有序发展，根据《重庆市人民政府职能转变和机构改革方案》和市委《关于印发〈2014 年重庆市全面深化改革重点任务〉的通知》（渝委发〔2014〕2 号）精神，现就我市开展行业协会（商会）类、科技类、公益慈善类、城乡社区服务类社会组织（以下简称四类社会组织）直接登记工作的有关事宜通知如下：

一、直接登记范围

（一）行业协会（商会）类。行业协会（商会）主要是指同一行业经济组织及其相关单位为维护和增进全体会员共同的合法利益而自愿组成，实行行业服务和自律管理的社会团体。按国民经济行业分类标准大、中、小类作为设立行业协会的依据，允许同一行业按产业链各个环节、经营方式和服务类型设立行业协会。

（二）科技类。主要是指在自然科学、农业科学、医药科学、工程与技术科学领域，专门从事科学研究与技术开发、科技咨询与服务、科技成果评估、科学技术知识普及与传播等业务的服务性、公益性社会组织。

（三）公益慈善类。以从事公益事业或公益服务为目的，为社会公众和社会发展提供公益慈善服务的社会组织。主要是指从事扶贫济困、扶老助孤、扶弱助残、赈灾救援等公益慈善服务的社会组织。

（四）城乡社区服务类。主要是指为居民提供公共服务、慈善救助、社区协同管理等便民利民服务的城乡社区基层社会组织。

二、直接登记流程

（一）成立登记。为方便社会组织申报验资和名称规范管理，申请直接登记的社会组织，可先向登记管理机关申请名称预登记服务。发起人（举办者）须提交《重庆市社会组织名称预登记申请表》，并附拟成立组织的可行性报告、《章程》草案、发起人（举办者）简介和身份证明等相关资料（相关表册请到重庆市民政局公众信息网下载，网址：http：//jmz. cq. gov. cn/）。登记管理机关应做好名称预登记的审查工作，对符合直接登记类别范围和名称管理等有关规定的，及时核发名称预登记通知书。社会组织发起人（举办者）凭通知书办理验资等相关手续。

通过名称预登记的社会组织，应积极组织开展相关筹备工作，在6个月内召开会员大会（会员代表大会）或理事会会议，通过章程，产生执行机构、负责人和法定代表人，按照《社会团体登记管理条例》、《基金会管理条例》、《民办非企业单位登记管理暂行条例》等规定提交成立登记书面材料（相关表册请到重庆市民政局公众信息网下载，网址：http：//jmz. cq. gov. cn/）。各项材料均由登记管理机关直接审查，不再需要业务主管单位（部门）的审查同意文件（法律法规规定需要前置审批的从其规定）。若申请登记的社会组织业务范围涉及多个职能部门的，登记管理机关应充分听取有关方面的意见，并将意见作为登记审批的重要依据。

（二）核发证书。经审查符合条件的社会组织，登记管理机关应当及时制发准予成立的许可文书和登记证书。许可文书由登记管理机关统一抄送相关业务指导单位（部门）。登记证书业务主管单位一栏标注“直接登记”字样。

社会组织经核准登记后，应当及时与职能相关的业务指导单位（部门）沟通，主动接受业务指导。

三、日常管理

（一）各级民政部门对直接登记的社会组织履行登记管理和业务主管一体化职能，负责社会组织的成立、变更、注销登记；负责社会组织年检和评估工作；对社会组织开展活动进行日常监督；配合各级组织部门指导社会组织党建工作；对社会组织的违法行为依法实施行政处罚；对非法社会组织依法予以取缔。

（二）各级政府职能部门和经县级以上人民政府授权的组织，是直接登记后的社会组织的业务指导单位。民政部门应积极协调政府相关部门按照职责分工，继续履行对社会组织的业务指导，积极鼓励其通过转移职能、购买服务、制定导向性政策、实施资金扶持等方式支持社会组织发展，协助登记管理机关及其他有关部门查处社会组织的违法违规行为，促进社会组织依法、规范、有序发展。

（三）建立联合监管机制，通过制定社会组织负责人职责、财务管理、活动管理、信息公开、年度检查等制度，引导社会组织建立健全以章程为核心的内部治理结构和管理制度，逐步实现社会组织自愿成立、自我运作、自聘人员、自理会务，促进社会组织依法自治、健康发展。

四、工作要求

（一）加强组织领导。社会组织直接登记工作是贯彻落实党的十八届三中全会精神，推进社会组织登记制度改革，建立现代社会组织管理体制的重要举措。各级民政部门要高度重视、加强领导、调配力量、精心部署，扎实稳妥推进直接登记工作的开展。

（二）加强服务管理。直接登记主要是降低门槛，简化登记手续，不涉及后续服务管理过程中部门职责分工的调整。各级民政部门要加强协调，主动征求相关部门的意见建议，积极探索研究社会组织业务主管单位向业务指导单位（部门）转变，推动形成政府相关部门各司其职、协调配合、齐抓共管的综合监管体系，为社会组织发展和规范管理提供法治保障。

（三）加大政策扶持。各区县（自治县）要结合本地区实际，研究制定社会组织发展规划和扶持措施，建立引导型政策体系。通过财政资助、购买服务、设立专项资金、加强人才队伍建设等方式，激发社会组织活力。引进竞争机制，探索一业多会，鼓励支持社会组织参与社会管理和社会服务，促进其健康有序发展。

（四）做好工作衔接。直接登记的社会组织，其变更登记、注销登记等涉及社会组织主体资格的行政审批行为均按直接登记的要求办理。此前已登记的社会组织，其后续的服务管理仍按原办法执行，待国家和市级层面社会组织改革政策进一步出台后，再按要求统一进行调整和实施。

（五）加强信息沟通。各区县（自治县）要认真总结四类社会组织直接登记的做法和经验，分析存在的困难和问题，研究解决问题的对策措施，为推动政府职能转变、深化社会组织管理体制改革奠定基础。各地直接登记工作中的好做法、好经验以及发现的问题，请及时整理上报市局民间组织管理局，以便改进工作。

重庆市民政局

2014 年 5 月 20 日

广州市社会组织管理办法

广州市人民政府令第108号

第一章 总 则

第一条 为促进社会组织发展，加强社会组织管理，促进社会组织诚信自律，发挥社会组织在社会管理服务中的作用，根据《社会团体登记管理条例》、《民办非企业单位登记管理暂行条例》、《基金会管理条例》等有关法律、法规规定，结合本市社会组织登记管理改革的实际，制定本办法。

第二条 本办法所称社会组织是指在本市行政区域内登记注册的社会团体、民办非企业单位、基金会。

第三条 本市行政区域内社会组织的登记、培育及其监督管理适用本办法。

第四条 社会组织管理坚持政社分开、权责明确、依法自治的原则。

第五条 市、区（县级市）民政部门是本市行政区域内社会组织的登记管理机关。

法律、法规规定社会组织成立需经前置审批的，由相关部门作为该类社会组织的业务主管单位（以下统称业务主管单位），依法履行业务主管单位职责。

全市各级教育、宗教、公安、司法、财政、卫生、物价等行政管理部门应当在各自职责范围内对社会组织实施监督管理。

第六条 社会组织管理遵循培育发展与规范管理并重的原则。全市各级政府及其部门应当推动社会组织健康有序发展，支持、引导社会组织参与社会管理和公共服务，增强社会组织化解社会矛盾、提供社会服务和参与社会管理的能力。

第二章　成立登记

第七条　民办非营利教育培训机构、民办非营利医疗机构、民办社会福利机构、民办博物馆等法律、行政法规规定需经前置审批的社会组织，应当先经业务主管单位同意，取得相应许可证书或者批复文件后向登记管理机关申请成立登记。

前款规定之外的其他社会组织可以直接向登记管理机关申请成立登记。

第八条　同一行政区域内，可以成立两个以上业务范围相同或者相似的社会组织，但社会组织的名称及标识应当有明显区别。

第九条　在本市设立登记的社会团体会员数量不得少于15个。

第十条　社会组织的名称应当符合法律、法规的规定，不得违背社会公德和公序良俗，并遵守下列规定：

（一）与其业务范围、成员分布、活动地域相一致，准确反映其特征。

（二）不得冠以“中国”、“全国”、“中华”、“广东”等字样。

（三）社会组织加冠字号的，不得用政治性、宗教性或者容易引起歧义的字号。

（四）不得与已经合法登记注册或者登记管理机关已经受理登记申请的社会组织名称重名或者无明显区别。

社会组织申请登记的名称出现上述情形的，登记管理机关不予登记。

第十一条　社会组织应当有固定的住所，且该住所必须具有邮政通信可达地址。

第十二条　基金会成立登记时，应当向登记管理机关提供具备资质的社会验资机构出具的验资报告。

社会团体和民办非企业单位成立登记时不需向登记管理机关提供验资报告。

第十三条　申请登记社会团体，发起人应当向登记管理机关提交下列文件：

（一）申请书；

（二）登记住所使用权证明；

（三）发起人和拟任负责人的基本情况、身份证明；

（四）章程草案。

第十四条 申请登记民办非企业单位，发起人应当向登记管理机关提交下列文件：

（一）申请书；

（二）场所使用权证明；

（三）拟任负责人的基本情况、身份证明；

（四）章程草案。

属于本办法第七条第一款规定的需经前置审批的民办非企业单位，还需提交相关许可证（副本）或者业务主管单位的批准文件。

第十五条 申请登记基金会，发起人应当向登记管理机关提交下列文件：

（一）申请书；

（二）章程草案；

（三）验资证明和住所证明；

（四）理事名单、身份证明以及拟任理事长、副理事长、秘书长简历。

第十六条 社会团体、民办非企业单位、基金会的发起人或者举办者（以下统称发起人）应当于召开筹备成立大会后 15 日内向登记管理机关提交成立登记的相关材料。提交材料不全的，登记管理机关应当于 5 个工作日内出具《材料补正通知书》；提交材料齐全的，登记管理机关应当自受理社会组织成立登记申请之日起 20 个工作日内作出是否批准成立登记的决定。不予批准的，应当书面说明理由。

第十七条 社会团体和基金会可以设立分支（代表）机构。

分支（代表）机构不具有法人资格，其法律责任由设立该分支（代表）机构的社会组织承担。

第十八条 社会组织成立登记后名称、住所、法定代表人等发生变更的，应当按照章程规定履行内部程序，并应当自履行完内部程序之后 30 日内向登记管理机关申请变更登记。登记管理机关应当自收到符合条件的申请材料之日起 10 个工作日内办理完毕。

第十九条 社会组织有下列情形之一的，应当向登记管理机关申请注销登记：

（一）完成社会组织章程规定的宗旨，或者章程规定的解散事由出现的；

（二）分立、合并的；

（三）自行解散的；

（四）由于其他原因终止的。

第二十条 社会组织在办理注销登记前，应当自行组成清算组进行清算，清理债权债务并核销财政票据，处理善后事宜，并向登记管理机关（国家法律、法规规定需经前置审批的社会组织向业务主管单位）报告；社会组织成立清算组之后，除开展清算工作外，不得再以本组织名义开展其他活动。

社会组织应当自清算结束之日起15日内到登记管理机关办理注销登记手续，登记管理机关自收到申请材料之日起10个工作日内办理完毕。

注销的社会组织，其分支（代表）机构同时注销。

第三章 内部治理

第二十一条 社会组织应当建立以章程为核心的内部管理制度，建立民主选举、民主决策、民主管理、民主监督、诚信自律和廉洁从业机制。

社会组织章程是社会组织内部治理的基本依据，应符合相关法律、法规规定。

登记管理机关应当制定社会组织章程的示范文本，明确社会组织的宗旨、业务范围、负责人的条件和产生、罢免的程序等。

社会组织的章程修改应当按照组织章程规定程序表决通过，报登记管理机关核准。

社会组织章程规定的内容与法律、法规相抵触的，抵触部分无效。

第二十二条 社会组织坚持政社分开的原则。现职国家公务员不得在行业协会、异地商会、民办非企业单位、基金会中兼职。离退休后确需兼任的，应当严格按照有关规定审批。

第二十三条 社会组织可以根据实际情况，按照权责明确、互相制约、运转协调的原则，建立决策、执行、监督机构。

第二十四条 社会团体的会员（会员代表）大会、民办非企业单位的理（董）事会、基金会的理事会是社会组织的决策机构，主要履行下列职责：

（一）决定业务范围和工作职能；

（二）选举或者罢免社会组织负责人；

（三）审议组织的年度工作报告、年度财务报告；

（四）对组织登记事项的变更、设立分支（代表）机构、组织解散、清算、终止等事项作出决议；

（五）修正或者撤销组织的执行机构、监督机构以及其他机构作出的不适当的决定；

（六）制订或者修改组织章程、选举办法；

（七）其他重大事宜。

社会组织的章程另有规定的，从其规定。

第二十五条 社会组织的执行机构由社会组织的决策机构决定，并以章程载明，负责执行决策机构的决议，向其提出工作建议、报告工作，管理内设机构和专职工作人员，决定具体工作业务等。

第二十六条 行业协会商会应当设立监事会，基金会应当设立监事会或者监事。监事不得由理事兼任。

监事会或者监事是社会组织的监督机构（人）。监督机构（人）在决策机构的领导下，履行本组织内部监督职责，主要履行下列职责：

（一）向决策机构报告年度工作并及时报告重大事项。

（二）监督本组织内部的选举、罢免工作。

（三）监督执行机构履行决策机构的决议。

（四）检查本组织财务和会计资料。必要时，向登记管理机关以及税务、会计主管部门反映情况，协助上述部门监督检查。

（五）监督本组织遵守法律、法规和章程的情况。当本组织负责人、成员以及工作人员的行为损害组织利益或者违反法律、法规和章程时，要求其予以纠正，必要时向决策机构和政府相关部门报告，并协助相关部门依法查处。

（六）有权向决策机构和执行机构提出质询和建议。

（七）负责本组织防治腐败工作。

第二十七条 社会组织的法定代表人由社会组织的负责人担任，并应当在章程中载明。

第二十八条 社会组织应当建立内部信息披露机制，至少每年度向组织成员公布一次其重大活动、财务状况、工作报告等信息。

社会组织接受捐赠、资助的，应当在接受捐赠、资助后15个工作日内通过市社会组织监管和信息发布平台向社会公布接受捐赠款物的信息，并在年度报告中披露使用捐赠、资助的有关情况。

第二十九条 行业协会、商会应当采取下列措施加强行业廉洁建设，规范行业管理：

（一）建立廉洁从业监督机构，制定行业公约、行为规范、服务标准，加强行业廉洁自律；

（二）及时向市场监管部门报告会员单位的失信和不廉洁行为，协助市场监管部门进行处理；

（三）依法将会员单位的失信和不廉洁行为记录纳入社会信用信息系统；

（四）法律、法规规定的其他行业廉洁建设措施。

社会组织登记管理机关、业务主管单位、相关行政管理部门应当采取措施规范行业协会、商会以及其他社会组织的服务和收费行为。

第三十条 社会组织的资产及收入应当全部用于章程规定的业务范围和公益事业的发展，法律、法规另有规定的除外。

社会组织的财产处置应当符合其章程规定的宗旨和服务活动的业务范围，不得在成员中进行分配。

第三十一条 社会组织应当执行国家规定的民间非营利组织会计制度，设置会计机构或者配备会计人员，依法进行会计核算；不具备条件的，应当委托经批准设立从事会计代理记账业务的中介机构代理记账。

社会组织应当保证会计资料合法、真实、准确、完整，并作为长期档案保管。

社会组织换届或者更换法定代表人，应当提前15个工作日向其登记管理机关报送具有资质的会计师事务所出具的审计报告。

第四章　培育扶持

第三十二条 市、区（县级市）人民政府应当将扶持社会组织发展资金列入民政部门的年度预算，用于支持社会组织有效承接政府职能转移、购买服务和授权委托事项，支持社会组织培育服务品牌，提供公共产品和公益支持。

第三十三条 各级登记管理机关应当指导建立本级社会组织培育孵化基地；有关行业主管部门应当根据实际需要，指导建立相关领域、行业的社会组织培育孵化基地。

各类社会组织培育孵化基地应当优先培育孵化公益慈善类和社会服务类社会组织，为入驻的社会组织或公益服务项目提供办公场地、政策咨询、项目策划、人才培训、机构孵化、小额资助等支持性服务，对其日常活动进行指导。

社会组织培育孵化基地可以按照有关规定申请一次性财政经费补助。全市各级财政应当对本级管辖的社会组织培育孵化基地日常运营经费给予支持，纳入财政预算，拨付工作经费。

第三十四条 市机构编制部门负责定期编制本级政府向社会组织转移职能目录，向社会公布，逐步实现政府承担的事务性管理服务事项由社会组织依法承担。

第三十五条 市财政部门负责定期编制本级政府向社会组织购买服务目录，并向社会公布。全市各级政府鼓励和引导社会组织有序参与社会管理、提供公共服务，支持社会组织开展公共服务。

第三十六条 市民政部门负责定期编制本市具备承接政府职能和购买服务资质的社会组织目录，向社会公布，并实行动态管理。

全市各级政府及其部门向社会组织转移职能、购买服务，应当在前款规定的目录中，采取招投标等竞争性方式择优选定。

第三十七条 社会组织依照国家有关规定享受税收优惠政策。

市财政、税务部门应当每年对登记管理机关批准成立登记的社会组织申请的非营利性组织免税资格进行审核确认，并予以公布。

第三十八条 全市各级政府和有关部门在起草与社会组织相关的地方性法规、政府规章、公共政策、行业发展规划等时，应当征求和听取相关社会组织的意见和建议。

第五章 监督管理

第三十九条 登记管理机关应当履行下列监督管理职责：

（一）负责社会组织的成立、变更、注销的登记或者备案；

（二）对社会组织进行等级评估；

（三）对社会组织的日常活动进行监督检查；

（四）对社会组织的违法行为给予行政处罚；

（五）对社会组织进行分类指导和管理；

（六）法律、法规规定的其他职责。

第四十条 业务主管单位应当履行下列职责：

（一）负责部分社会组织成立登记、变更登记、注销登记前的审查；

（二）监督、指导社会组织遵守宪法、法律、法规和国家政策，建立健全内部治理和廉洁从业机制，依据其章程开展活动；

（三）协助登记管理机关和其他有关部门查处社会组织的违法行为；

（四）法律、法规规定的其他职责。

第四十一条 社会组织应当遵守宪法、法律的规定，不得违背社会公德和公序良俗，不得从事下列行为：

（一）强迫单位和个人加入或者限制其退出社会组织，法律、法规另有规定的除外；

（二）对组织成员进行财产或者人身处罚；

（三）强迫单位和个人捐赠或者强行摊派；

（四）利用境外捐款或者资助从事危害国家安全的活动，非宗教团体的社会组织利用境外捐款或者资助从事宗教活动；

（五）在社会组织成员之外开展评比、达标、表彰活动；

（六）与社会组织宗旨、章程无关的行为。

第四十二条 社会组织有以下重大事项的，应当提前15日向登记管理机关和有关主管部门书面报告，并提交活动的内容、方式、规模、参加人员、时间、地点、经费等相关材料：

（一）召开会员（会员代表）大会；

（二）创办经济实体；

（三）接受境外捐款或者资助；

（四）涉外（包括港、澳、台地区）活动；

（五）基金会、公益性慈善组织面向公众开展募捐活动。

第四十三条 社会组织依法变更负责人后，原社会组织负责人或者有关工作人员拒不办理移交手续，非法持有社会组织证书、印章或者相关资料的，由登记管理机关予以公告无效。

第四十四条 社会组织实行年度报告制度。社会组织应当于每年 3 月 31 日前提交年度报告书。除社会组织负责人换届或者更换法定代表人之外，年度报告不需提交财务审计报告。

第四十五条 实行社会组织分类评估制度，对社会组织实施动态评估。

建立政府指导、部门协同、社会参与的社会组织评估机制，鼓励第三方评估机构参与社会组织的评估。

第四十六条 社会组织等级评估结论作为政府向社会组织转移职能和购买服务的重要依据；等级评估达到民政部《社会组织评估管理办法》规定的 3A 以上的，具有同等条件下承接政府职能和购买服务的优先权。

第四十七条 市民政部门建立市社会组织信息发布平台，及时、准确地向社会公开社会组织登记管理及其他依法应当予以公告、公示的信息。

全市各级登记管理机关应当建立健全社会组织登记档案和统计制度。

第四十八条 登记管理机关和政府有关部门应当将社会组织遵纪守法、诚实守信、廉洁从业等情况及时向社会公布，并依法纳入社会诚信管理体系。

第六章 法律责任

第四十九条 社会组织有下列情形之一的，由登记管理机关依照《社会团体登记管理条例》第三十二条、《民办非企业单位登记管理暂行条例》第二十四条、《基金会管理条例》第四十一条予以撤销登记：

（一）不符合法律、法规和本办法规定的成立登记条件，弄虚作假骗取登记的；

（二）自成立登记之日起一年内未开展活动的；

（三）符合注销条件，但拒不办理注销手续的。

第五十条 社会组织有下列情形之一的，由登记管理机关依照《社会团体登记管理条例》第三十三条、《民办非企业单位登记管理暂行条例》第二十五条、《基金会管理条例》第四十二条予以警告，责令改正或者停止活动，并可以责令撤换有关责任人员；情节严重的，予以撤销登记：

（一）违反本办法第十八条，未办理变更登记的；

（二）违反本办法第三十条，侵占、私分、挪用社会组织资产或者所接受捐赠、资助财物的；

（三）违反本办法第四十一条第（一）项，强迫单位和个人加入或者限制其退出社会组织的；

（四）违反本办法第四十一条第（二）项，对组织成员进行财产处罚的；

（五）违反本办法第四十一条第（三）项，强迫单位和个人捐赠或者强行摊派的；

（六）违反本办法第四十一条第（五）项，在社会组织成员之外开展评比、达标、表彰活动的。

社会团体、民办非企业单位实施前款规定的行为有违法经营额或者违法所得的，予以没收，并处以违法经营额 1 倍以上 3 倍以下或者违法所得 3 倍以上 5 倍以下的罚款。

第五十一条 社会组织有下列情形之一的，由登记管理机关给予警告，责令改正或者限期停止活动；情节严重的，处以 2 万元以上 5 万元以下的罚款：

（一）违反本办法第二十八条，每年度未向组织成员公布一次其重大活动、财务状况、工作报告等信息或者未在接受捐赠、资助后 15 个工作日内向社会公布接受捐赠款物的信息，并在年度报告中披露使用捐赠、资助有关情况的；

（二）违反本办法第四十二条，未进行重大事项报告的；

（三）违反本办法第四十四条，未提交年度报告书的。

第五十二条 社会组织有下列情形之一的，由登记管理机关依照《社会团体登记管理条例》第三十五条、《民办非企业单位登记管理暂行条例》第二十七条、《基金会管理条例》第四十条依法予以取缔，没收非法财产：

（一）未经登记，擅自以社会组织名义进行活动的；

（二）被撤销登记的社会组织继续以社会组织名义进行活动的。

非法社会组织被取缔后，登记管理机关应当将依法没收的非法财物按照国家有关规定处理；依法没收的违法所得和处置没收财物的款项，应当全部上缴国库。非法社会组织被取缔后继续开展活动的，登记管理机关应当及时通报有关部门共同查处。

第五十三条 社会组织违反本办法第四十一条第（四）项，利用境外捐款或者资助从事危害国家安全的活动的，由登记管理机关对该组织处以5万元罚款，并可以责令撤换有关责任人员；情节严重的，予以撤销登记。对相关责任人员，依照《中华人民共和国国家安全法实施细则》第二十二条规定处理，构成犯罪的，依法追究刑事责任，不构成犯罪的，由国家安全机关予以警告、训诫或者责令具结悔过。

非宗教团体的社会组织违反本办法第四十一条第（四）项，利用境外捐款或者资助从事宗教活动的，由宗教事务部门依照国务院《宗教事务条例》第四十三条第二款责令停止活动；有违法所得的，没收违法所得；情节严重的，可以并处违法所得1倍以上3倍以下的罚款。

第五十四条 登记管理机关、有关部门和法定授权的组织及其工作人员违反本办法规定，滥用职权、玩忽职守、徇私舞弊的，对直接负责的主管人员和其他直接责任人员依法给予处分；涉嫌犯罪的，依法移交司法机关处理。

第七章 附 则

第五十五条 港、澳、台人士在本市投资兴办经济实体并在本市工商注册的，可以担任本市社会组织除法定代表人之外的领导职务和非领导职务，但应当按照相关规定报有关部门审批。

第五十六条 本办法所称社会组织负责人，属于社会团体的为担任该组织秘书长以上职务的成员，包括但不限于会长、副会长、监事长、秘书长；属于民办非企业单位的为担任该组织理事长、理（董）事、监事等职务的成员；属于基金会的为担任该组织理事长、副理事长、秘书长等职务的人员。

第五十七条 本办法自2015年1月1日起实施。

广州市人民政府办公厅秘书处
2014年10月31日印发

北京市人民政府办公厅关于政府向社会力量购买服务的实施意见

京政办发〔2014〕34号

各区、县人民政府，市政府各委、办、局，各市属机构：

为贯彻落实《国务院办公厅关于政府向社会力量购买服务的指导意见》（国办发〔2013〕96号），进一步转变政府职能，创新公共服务供给模式，加大政府向社会力量购买服务（以下简称政府购买服务）的力度，积极构建公平、优质、高效的公共服务体系，结合本市实际，现就政府购买服务工作提出如下实施意见。

一、充分认识政府购买服务的重要性

政府购买服务，是通过发挥市场机制作用，把政府直接向社会公众提供的公共服务等事项，按照一定的方式和程序，交由具备条件的社会力量承担，并由政府根据服务数量和质量向其支付费用。

（一）政府购买服务是转变政府职能的迫切需要。将部分公共服务从“直接举办、直接提供”转为“购买服务、监督质量”，有利于充分发挥财政资金使用效益，切实降低行政成本，进一步提高公共服务水平和效率，对深化社会领域改革，推动政府职能转变，加快建设高效透明的服务型政府具有重要意义。

（二）政府购买服务是健全完善公共服务体系的重要途径。为有效解决一些领域公共服务缺位、规模不足、质量不高、发展不平衡、专业性不强等问题，必须进一步强化政府公共服务职能，通过创新公共服务供给模式，整合利用社会资源，构建多层次、多方式的公共服务供给体系。

（三）政府购买服务是促进社会力量发展的重要举措。释放有效需求，放开公共服务市场准入，创新服务业态，充分调动社会组织、企业等社会力量参与社会治理、提供公共服务的积极性，促进其健康发展。

二、政府购买服务的总体思路

（一）指导思想。

全面贯彻落实党的十八大、十八届三中全会精神和习近平总书记系列重要讲话特别是考察北京工作时的重要讲话精神，准确把握首都城市战略定位，加快转变政府职能，推进政事分开和政社分开，进一步放开公共服务市场准入，改革创新公共服务提供机制和方式，推动建立公平、优质、高效的公共服务体系，满足公众日益增长的公共服务需求。

（二）基本原则。

1. 明确重点，注重实效。进一步明确政府公共服务职能，准确把握社会公共服务需求，把政府购买服务的重点放在公共服务缺位、水平不高、效率不高的领域。按照有利于转变政府职能，有利于降低服务成本，有利于提升服务水平和资金使用效益的原则，推进政府购买服务工作，确保取得实效。

2. 积极推进，稳步实施。基本公共服务领域要逐步加大政府购买力度；非基本公共服务领域要更多更好地发挥社会力量作用。制定政府购买服务指导性目录，逐步扩大购买服务的范围和规模，有序引导社会力量参与服务供给。各区县政府、各部门要改革创新公共服务供给方式，积极探索政府购买服务新形式。

3. 公开透明，竞争择优。及时公布政府购买服务指导性目录、年度计划和绩效评价结果等信息，主动接受社会监督。按照竞争择优原则选择承接政府购买服务的社会力量，研究制定有利于承接主体多元化的政府购买服务政策，并建立优胜劣汰的奖惩机制。

4. 统筹协调，完善机制。建立机构编制管理与政府购买服务的协调机制，对可以通过政府购买服务方式提供服务的，不再增设机构或增加人员。将深化政府购买服务工作与事业单位改革有机衔接，推动事业单位与主管部门理顺关系和去行政化，并根据实际及时调整机构编制和经费。

（三）工作目标。

2014 年，出台政府购买服务指导性目录，初步建立基本政策制度，形成统一有效的工作机制。到 2017 年，建立比较完善的政府购买服务制度，形成与本市经济社会发展水平相适应、高效合理的公共服务资源配置体系和供给体系，公共服务水平和质量显著提高。

三、积极稳妥开展政府购买服务工作

（一）购买内容。

政府购买服务的内容为政府职责范围内、适合采取市场化方式提供、社会力量能够承担的公共服务、事务性管理服务以及履行政府职责所需的辅助性服务。与保障和改善民生密切相关领域的公共服务项目应重点考虑、优先安排。应由政府直接提供、不适合社会力量承担的公共服务，以及不属于政府职责范围的服务项目，不得向社会力量购买。

对政府购买服务内容实行指导性目录管理，并根据经济社会发展水平和公共服务需求动态调整。对指导性目录范围内适合社会力量承担的服务项目，原则上应采取政府购买服务的方式提供。

（二）购买主体。

政府购买服务的主体是各级行政机关和参照公务员法管理、具有行政管理职能的事业单位，以及纳入行政编制管理且经费由财政负担的群团组织。其他机关事业单位使用财政性资金购买服务参照执行。

（三）承接主体。

承接政府购买服务的主体包括依法在民政部门登记成立或经国务院批准免予登记的社会组织，以及依法在工商管理或行业主管部门登记成立的企业、机构等社会力量。符合条件的事业单位也可作为承接主体，但要与社会力量公开平等竞争。

承接主体应具有独立承担民事责任的能力，具备提供服务所必需的设施、人员和专业技术能力，具有健全的内部治理结构、财务会计和资产管理制度，具有良好的社会和商业信誉，具有依法缴纳税收和社会保险的良好记录，并符合登记管理部门依法认定的其他条件。承接主体的具体条件由购买主体会同财政部门根据购买服务的内容确定，但不得附加与服务无关的限制条件。

（四）购买程序。

具有购买服务需求的部门和单位应在编制年度预算时提出政府购买服

务的项目，编报年度项目预算，并将年度计划向社会发布。政府采购范围内的服务项目要严格按照政府采购流程购买；政府采购范围外的服务项目可参照政府采购有关规定购买，也可采取合同、委托等方式购买。购买主体应与承接主体签订合同，监督项目实施；承接主体要严格履行合同义务，按时完成服务项目任务，保证服务数量、质量和效果，严禁转包行为。

（五）预算管理。

政府购买服务所需资金坚持“以事定费”，按照现行预算管理办法列入购买主体部门预算，不单独设立专项资金；坚持“费随事转”，原有服务项目转为政府购买服务方式的，及时调整原有相关支出预算。

（六）绩效管理。

购买主体要对承接主体提供服务的数量、质量、服务对象满意度等进行绩效评价。财政部门要对重点领域和重点项目政府购买服务资金使用效益进行监督检查和绩效评价。充分发挥服务对象和第三方在确定购买内容和绩效评价工作中的作用，建立社会力量承接政府购买服务的信用体系。

四、保障措施

（一）加强组织领导。

加强政府购买服务工作的组织领导，按照“政府统一领导，财政部门牵头，业务部门分工配合”的原则，建立全市统筹协调机制，形成各负其责、齐抓共管的工作格局，确保工作规范有序开展。

（二）明确职责分工。

市政府有关部门要根据职责分工，深入开展调研，认真听取具有购买服务需求的部门和单位意见建议，进一步研究细化政府购买服务的政策措施。财政部门负责牵头建立健全政府购买服务制度，制定政府购买服务预算管理办法，组织编制并发布政府购买服务指导性目录，做好政府购买服务的预算资金管理、绩效评价等工作。机构编制部门负责制定与政府购买服务相衔接的机构编制管理办法，参与编制政府购买服务指导性目录。民政、工商管理及行业主管部门负责制定承接主体条件标准，并将其服务质量和效果纳入社会组织评估和年检的工作内容。民政、社会建设部门负责研究制定促进社会组织发展的政府购买服务具体政策。监察、审计部门负责加强对政府购买服务工作的监督和审计。具有购买服务需求的部门和单位要建立健全相关工作制度，认真做好组织实施工作，并对购买服务项目进行监督管理和绩效评价。

各区县政府要认真落实政府购买服务工作，结合本地实际，制定具体实施意见和办法，按照事权范围编制本区域的政府购买服务目录，并报市财政局备案。市财政局要会同有关部门加强对各区县开展政府购买服务工作的指导和监督，积极推动相关工作顺利开展。

（三）做好宣传引导。

各区县政府、各部门要向社会公众广泛宣传政府购买服务的目的、意义和相关要求，做好政策解读，加强舆论引导，充分调动社会力量的积极性，积极营造良好的社会氛围。

北京市人民政府办公厅

2014 年 6 月 6 日

中央文明委关于推进志愿服务制度化的意见

文明委〔2014〕3 号

各省、自治区、直辖市精神文明建设委员会，中央精神文明建设指导委员会各成员单位：

为深入贯彻落实党的十八大和十八届三中全会精神，建立健全志愿服务制度，进一步壮大志愿者队伍，完善社会志愿服务体系，推动志愿服务活动经常化制度化，促进社会文明进步，现提出如下意见。

一、推进志愿服务制度化的重要意义和指导思想

1. 充分认识推进志愿服务制度化的重要意义。开展志愿服务，是创新社会治理的有效途径，是加强新形势下精神文明建设的有力抓手。近年来，广大志愿者围绕扶危济困、应急救援、大型活动，广泛开展形式多样的志愿服务活动，志愿精神日益深入人心，志愿者队伍不断发展壮大，志愿服务的热潮在城乡基层蓬勃兴起。但总体而言，我国的志愿服务还处在初始阶段，活动开展不够经常、体制机制不够完善、服务水平不够高等问题，在一些地方不同程度地存在。解决这些问题，关键在于健全志愿服务制度。推进志愿服务制度化，对于推动志愿服务持续健康发展、促进学雷锋活动常态化，对于培育和践行社会主义核心价值观、在全社会形成向上向善的力量，具有十分重要的意义。

2. 推进志愿服务制度化的指导思想。高举中国特色社会主义伟大旗帜，以邓小平理论、“三个代表”重要思想、科学发展观为指导，贯彻落实习近平总书记系列讲话精神，坚持把开展志愿服务与创新社会治理结合起来，与学雷锋活动结合起来，大力弘扬“奉献、友爱、互助、进步”的志愿精神，建立完善长效工作机制和活动运行机制，积极构建中国特色志

愿服务制度，推动志愿服务活动广泛深入开展，营造我为人人、人人为我的良好社会风尚。

二、建立健全志愿服务制度

3. 规范志愿者招募注册。志愿者的招募和注册，是组织引导人们参加志愿服务的重要环节。要坚持以需求为导向，根据群众的实际需要，由城乡社区、志愿服务组织、公益慈善类组织、社会服务机构等，及时发布志愿者招募信息，根据标准和条件吸纳社区居民参加志愿服务活动。依托全国志愿者队伍建设信息系统志愿服务信息平台，为有意愿、能胜任的社区居民进行登记注册。

4. 加强志愿者培训管理。做好志愿者的教育培训和日常管理，是提高志愿者素质和志愿服务水平的前提和基础。要坚持培训与服务并重的原则，由城乡社区、志愿服务组织、公益慈善类组织、社会服务机构等，根据志愿服务项目的要求，通过集中辅导、座谈交流、案例分析等方式，对志愿者进行相关知识和技能培训，提高服务意识、服务能力和服务水平。要加强志愿者骨干的培养，使他们成为志愿服务的中坚力量。

5. 建立志愿服务记录制度。志愿服务活动结束后，由城乡社区、志愿服务组织、公益慈善类组织、社会服务机构等，根据统一的内容、格式和记录方式，对志愿者的服务进行及时、完整、准确记录，为表彰激励提供依据。要实行服务记录的异地转移和接续，使志愿者的服务记录不因工作岗位和居住地的变动而失效，把志愿者的积极性保护好、发挥好。

6. 健全志愿服务激励机制。城乡社区、志愿服务组织、公益慈善类组织、社会服务机构等，要按照有关规定建立志愿者星级认定制度，根据志愿者的服务时间和服务质量，对志愿者给予相应的星级认定。建立志愿者嘉许制度，褒扬和嘉奖优秀志愿者，授予荣誉称号。建立志愿服务回馈制度，志愿者利用参加志愿服务的工时，换取一定的社区服务，同时在就学、就业、就医等方面享受优惠或优待。回馈要适度，充分体现志愿服务自愿、无偿、利他的特点，不能搞成等价交换。

7. 完善政策和法律保障。把志愿服务的要求融入各项经济、社会政策之中，体现到市民公约、村规民约、学生守则、行业规范之中，提倡和鼓励志愿服务的行为，维护志愿者的正当权益，形成崇尚志愿服务的社会氛围。把志愿服务纳入学校教育，研究制定学生志愿服务管理办法，鼓励在校学生人人参加志愿服务，可将大学生志愿服务活动折算成社会实践学分。根据志愿服务活动的需要，为志愿者购买必要保险、提供基本保障。认真总结推广志愿服务地方性立法的经验，加快全国志愿服务立法进程。

三、加强对志愿服务制度化的组织推动

8. 切实加强志愿服务领导。各级党委和政府要把志愿服务融入城乡社区治理，作为加强精神文明建设的重要任务，摆上重要议事日程，切实抓紧抓好。各级文明委要加强总体规划、协调指导、督促检查，文明办要发挥好牵头作用，推动志愿服务制度化发展。各有关部门要发挥自身优势，制定相关政策措施，各负其责、密切配合，形成共同推进志愿服务制度化的良好局面。要支持和发展各类志愿服务组织，推动企业、机关、学校、医院等成立志愿服务队进社区服务，引导公益慈善类、城乡社区服务类社会组织到社区开展志愿服务。

9. 大力弘扬志愿服务文化。志愿服务是美好的道德行为和重要的道德实践。要大力弘扬中华传统美德，结合时代条件深入挖掘和阐发，进行创造性转化、创新性发展，赋予志愿服务深厚的传统文化内涵。大力弘扬“奉献、友爱、互助、进步”的志愿精神，广泛普及服务他人、奉献社会的志愿服务理念，培育全社会志愿服务文化自觉，使讲道德、遵道德、守道德成为人们基本生活方式。要发挥新闻媒体传播社会主流价值的主渠道作用，发挥精神文化产品育人化人的重要功能，积极营造有利于志愿服务的舆论文化环境。

10. 搭建拓宽志愿服务平台。要充分发挥社区在志愿服务中的主导作用，依托社区综合服务设施，建立志愿服务站点，搭建志愿者、服务对象和服务项目对接平台。把空巢老人、留守儿童、残疾人作为服务重点，围绕家政服务、文体活动、心理疏导、医疗保健、法律服务等内容，设计接地气的项目，有针对性地开展顺民意的活动，力争覆盖群众所需的各种服务。充分发挥社区居民的主体作用，精心培育植根群众的活动载体，把志愿服务活动做进城乡基层、做进社区、做进家庭。大力推广社会工作者带志愿者的活动方式，组织志愿者在社会工作者的带领和安排下，有针对性

地开展服务。要立足经济社会发展和人民群众愿望，积极搭建志愿服务活动平台，不断拓展志愿服务领域，扩大志愿服务覆盖面，为百姓分忧，为政府助力。

各省、自治区、直辖市和新疆生产建设兵团文明委，中央文明委各成员单位，要按照本意见的精神，结合实际，制定贯彻落实的具体措施。

中央精神文明建设指导委员会
2014 年 2 月 19 日

鸣　谢

在《2014 年度中国慈善捐助报告》的编写过程中，我们得到了公益慈善行业同人和爱心企业的鼎力支持，在此我们对为报告提供帮助的各慈善组织和爱心企业表示衷心的感谢。

数据支持单位（按拼音排序）

公益组织

安徽省慈善协会
北京市慈善基金会
北京市慈善协会
重庆市慈善总会
大连市慈善基金会
大连市慈善总会
德康博爱基金会
福建省慈善总会
福州市慈善总会
广东省慈善总会
广东省扶贫基金会
广西慈善总会
广州市慈善会
海南省慈善总会
河北省慈善总会
河南省慈善总会
河仁慈善基金会
黑龙江省慈善总会

湖北省慈善总会
华南理工大学教育发展基金会
吉林省慈善总会
江苏省慈善总会
江西省慈善总会
晋江市慈善总会
辽宁省慈善总会
林州市慈善总会
内蒙古自治区慈善总会
宁夏慈善总会
厦门大学教育发展基金会
山西省慈善总会
陕西省慈善总会
上海市慈善基金会
四川省慈善总会
苏州市慈善基金会
桃源居公益事业发展基金会
天津市慈善协会
新疆慈善总会
云南省慈善总会
长沙慈善会
浙江大学教育基金会
浙江省慈善总会
郑州慈善总会
中国残疾人福利基金会
中国扶贫基金会
中国妇女发展基金会
中国红十字基金会
中国华侨公益基金会
中国农业大学教育基金会
中国青少年发展基金会

中国少年儿童基金会
中国宋庆龄基金会
中国文物保护基金会
中华慈善总会
中华少年儿童慈善救助基金会
中华思源工程扶贫基金会

爱心企业（按拼音排序）

阿里巴巴集团
TCL 集团股份有限公司
福建三安集团有限公司
广西梧州中恒集团股份有限公司
广州市时代地产集团有限公司
海航集团
亨通集团
江苏扬子江船业集团
江苏中南控股集团有限公司
力旺集团有限公司
南京中脉科技发展有限公司
内蒙古伊泰集团有限公司
啟福置业股份有限公司
陕西步长制药有限公司
上海宝龙实业发展有限公司
顺丰速运有限公司
腾讯公司
新奥集团股份有限公司
雅戈尔集团股份有限公司

微公益平台、腾讯公益平台和支付宝公益平台已经为本报告连续 3 年提供了大量非常具有价值的网络捐赠数据，福布斯杂志社等媒体也为我们提供了大量经核实的信息，我们在此表示特别感谢。